Spanisch
aktiv

Curso comunicativo de español

Spanisch aktiv

Para empezar

Lehrbuch 1

Equipo Pragma

Ernesto Martín Peris
Lourdes Miquel López
Neus Sans Baulenas
Marta Topolevsky Bleger

Langenscheidt
Berlin · München · Wien · Zürich

Begleitmaterialien zu diesem Buch:
1 Text-Cassette (Dialoge, Hörtexte, Übungen), Best.-Nr. 84810
1 Arbeitsbuch (zusätzliche Übungen, Texte und Kurzgrammatik), Best.-Nr. 49313
Lehrerhandreichungen (zu den Lehrbüchern 1 & 2) Best.-Nr. 49316

Graphische Gestaltung: Viola & París
Illustrationen: Romeu, Mariel Soria
Umschlaggestaltung: graphik dienst A. Wehner
Umschlagfotos: Süddeutscher Verlag, Bavaria Verlag, Jens Funke

Auflage:	10.	9.	8.	Letzte Zahlen
Jahr:	1995	94		maßgeblich

Druck: Appl, Wemding
Printed in Germany · ISBN 3-468-49310-X

EINFÜHRUNG ZU DIESEM KURS

Spanisch aktiv ist ein modernes spanisches Lehrwerk für die Erwachsenenbildung. Es umfaßt zwei Lernstufen: ***Para empezar*** (Band 1 und 2) für den Anfänger bzw. leicht fortgeschrittenen Lerner sowie als zweite Lernstufe ***Esto funciona*** für Fortgeschrittene.

Spanisch aktiv ist ein kommunikativer Sprachkurs, der insbesondere auf die Vermittlung und Entwicklung kommunikativer Fertigkeiten zielt. Das Werk ist daher in besonderem Maße für den Einsatz in Volkshochschulen sowie für Sprach- und Dolmetscherschulen geeignet. In Verbindung mit den Zusatzmaterialien zu jedem Band kann es aber auch ebenso im Selbststudium eingesetzt werden.

Spanisch aktiv zielt entsprechend seinem kommunikativen Anspruch darauf ab, den Lerner in kürzestmöglicher Zeit in die Lage zu versetzen, sich in alltäglichen *Situationen* zurechtzufinden, *Sprechabsichten* zu äußern (z. B. Wünsche vorzubringen oder abzuschlagen, sich über etwas zu informieren oder einen Vorschlag zu machen) oder sich differenziert über bestimmte *Themen,* wie z. B. seine persönlichen Lebensumstände, mitzuteilen.

Die Auswahl der dargestellten Situationen, Sprechinhalte und Themen erfolgte nach Maßgabe ihrer Wichtigkeit für einen Aufenthalt in spanischsprachiger Umgebung. Hierbei konnten die Autoren auf wichtigen Vorarbeiten fußen. Dazu gehörten insbesondere die vom Europarat für den Fremdsprachenunterricht (*Nivel umbral*) ausgearbeiteten Prinzipien wie auch die Lernzielbestimmungen des Deutschen Volkshochschulverbandes.

Alle für diesen Kurs entwickelten Materialien sind vor ihrer Drucklegung in der Praxis, d. h. in zahlreichen Unterrichtsstunden, immer wieder erprobt worden. Dabei kam den Autoren – allesamt Lehrer für Spanisch als Fremdsprache – in besonderer Weise zustatten, daß sie selbst ständig in einer spanischsprachigen Umgebung leben, ihre Schüler auch in den sprachlich unterschiedlichsten Situationen außerhalb des Klassenraumes beobachten können und deren spezifische Schwierigkeiten "vor Ort" kennen.

Der vorliegende erste Band des **Kurses** umfaßt 7 Lektionen (*Unidades*), die in Band 2 *zyklisch* fortgeführt werden in der Form, daß jede Lektion die im ersten Band vorgestellten Inhalte aufgreift (die Lektion 8 die Inhalte von Lektion 1, die Lektion 9 die Inhalte von Lektion 2 etc.) und die im ersten Band erworbenen Kenntnisse festigt und erweitert. Band 1 und 2 stellen somit eine in sich abgeschlossene erste Lernstufe dar **(*Para empezar*),** die die Bedingungen des **Grundbausteins** erfüllt.

Jeder Band wird dabei von einem **Arbeitsbuch** begleitet, das zusätzliche Übungen (mit *Schlüssel* für die Lösungen), nicht-dialogische Texte speziell zur Landeskunde sowie eine systematisch angelegte Kurzgrammatik enthält. Eine **Text- und Übungscassette** ist dem Lehr- und Arbeitsbuch ebenfalls beigegeben.

Jede **Einheit** des Lehrbuches ist in 9 Kapitel untergliedert. Alle Lektionen folgen diesem Aufbau:

Auf einer Doppelseite findet sich im 1. Kapitel (¿QUÉ ME CUENTAS?) eine Reihe meist kürzerer lebensnaher *Dialoge* zu bestimmten *Situationen* und *begrifflichen Bereichen,* in denen ganz bestimmte *funktionale* (Sprechabsichten) und *grammatische Inhalte* dargestellt werden. Allen Dialogen sind vierfarbige *Illustrationen* beigegeben, die in den Unterrichtsablauf einbezogen werden können.

Im 2. Kapitel folgt, wiederum auf einer übersichtlichen Doppelseite, eine Darstellung der in den Dialogen vertretenen Sprechintentionen (SE DICE ASÍ) in systematischer Form, d. h. sie werden zu verschiedenen *Sprechakten* (wie z. B. Begrüßung, Beschreibung von Gegenständen etc.) zusammengefaßt und ggf. durch *Zeichnungen* verdeutlicht.

Das nachfolgende 3. Kapitel (Y AHORA TÚ) bietet auf drei Seiten zahlreiche *Übungen,* die auf die zuvor dargestellten *Sprechakte* bezogen sind und ausreichend Gelegenheit geben, deren Anwendung in einem vorgegebenen Kontext zu üben (Aufforderung zu freiem Sprechen, Rollenspiel, Drillübungen etc.).

In dem nachfolgenden 4. Kapitel (¡OJO!) werden die in den Dialogen enthaltenen *grammatischen Inhalte* bewußt gemacht. Die Autoren folgen dabei nicht den Prinzipien einer traditionellen Regelgrammatik; sie vermeiden nach Möglichkeit die linguistische Terminologie und versuchen, die grammatischen Phänomene in der Regel bildhaft zu konkretisieren oder zu definieren (u. a. durch Symbole und Zeichnungen).

Das 5. Kapitel (DALE QUE DALE) schließlich bietet auf drei Seiten die Möglichkeit, die zuvor dargestellten grammatischen Inhalte in vielfältigen *Übungen* (Transfer-Übungen, z. B. ausgelöst durch eine Illustration oder eine vorgegebene Situation), darunter auch Drillübungen, zu festigen.

Während DALE QUE DALE im wesentlichen schriftliche Aufgabenstellungen enthält, ist das 6. Kapitel (TODO OÍDOS) ganz der *mündlichen Arbeit* gewidmet: ausgehend von der Text-Cassette hat der Lerner die in diesem Kapitel vorgegebenen Aufgaben zu lösen oder Fragen zu beantworten.

Die abschließenden Kapitel 7–9 schließlich tragen fakultativen Charakter und sind nicht an bestimmte textliche Vorgaben geknüpft. Lehrer und Lerner können hier *a gusto* ausgehend von einer Illustration die Fähigkeit der *freien, spontanen Rede* entwickeln (Kapitel 8) und sich mit *landeskundlich* oder *kulturell* relevanten Informationen (Kapitel 7 und 9) vertraut machen.

Im Anhang des Lehrbuches findet der Lerner ein nach Lektionen geordnetes *spanisch-deutsches Glossar.*

DER VERLAG

PRÓLOGO

Uno de los hallazgos definitivos en la metodología de la enseñanza de idiomas modernos es la concepción de la lengua como un instrumento y no como un fin en sí misma. Ésta fue la base de lo que se ha consolidado como la *enseñanza comunicativa*.

A la hora de elaborar un método de español para extranjeros hemos asumido plenamente los presupuestos comunicativos pero, simultáneamente, no hemos querido olvidar aquellas aportaciones de la tradición metodológica que siguen siendo válidas y que complementan tales presupuestos.

La especial complejidad de la morfosintaxis española hace poco viable la traslación inmediata de las experiencias nocional-funcionales realizadas en otros idiomas. Por ello, aunque también hemos realizado la definición de habilidades en términos de conducta observable, su materialización didáctica se ha hecho de acuerdo con una estrategia que viene condicionada por las propias exigencias estructurales del español.

Y de la misma forma que no es trasladable la experiencia didáctica de una lengua a otra, hemos creído esencial, desde el primer momento, partir de la indisociabilidad de la lengua con la cultura, entendida en el más amplio de los sentidos, de la que aquélla es expresión.

Para empezar, sin embargo, no es sólo el resultado de una reflexión teórica sobre la lengua y su enseñanza: todos sus materiales han sido sometidos a experimentación con grupos de alumnos de diversas procedencias lingüísticas y culturales, y cuyo interés por el español respondía también a motivaciones muy heterogéneas.

Para la estructuración de este libro se definieron siete grandes ámbitos temáticos, que creemos esenciales en la actividad comunicativa de un adulto. Hemos considerado oportuno repartir en dos ciclos cada ámbito para realizar una progresiva ampliación de contenidos al mismo tiempo que se reutilizan y consolidan los ya adquiridos.

Se pretende que, al finalizar los dos ciclos, el alumno pueda resolver las necesidades comunicativas básicas de un adulto que entra en contacto por primera vez con un país de habla española, superando ampliamente lo que se conoce como *"nivel de subsistencia"*, para llegar en el segundo de los libros que componen este *"Curso comunicativo"* a rebasar el "nivel umbral".

Equipo Pragma

INHALTSÜBERSICHT
Indice de materias

Para entendernos

1. ¿Cómo se escribe?

2. ¿Cómo se dice "OK" en español?

3. ¿Qué quiere decir "mandrágora"?

4. ¿"jersey" y "pullover" es lo mismo?

5. ¿Está bien así?

6. ¿Cómo dice? ¿Puede repetir, por favor?

7. Más despacio, por favor.

8. Más alto, por favor.

1

HOLA, ¿QUÉ TAL?

1. ¿Qué me cuentas?

1.1. Yasser y Monika van a estudiar español. Hoy es el día de la matrícula.

1

- ● ¡Eh! ¡Hola!
- ○ ¡Hola! ¿Qué tal?

2

- ● Soy de Zaragoza, pero vivo aquí.
- ○ Yo soy francesa, de Dijon.

3

- ■ ¿De dónde eres?
- □ Soy alemana, de Berlín.
- ■ Yo soy de Líbano, de Beirut.
- □ ¿Y cómo te llamas?
- ■ Yasser, ¿y tú?
- □ Yo, Monika.

4

- ● ¿Es usted la profesora Rosa Fernández?
- ○ No, no soy yo. Es aquella chica.

5

- ● ¿Usted es Carolyn Wilson?
- ○ No, yo soy Catherine Wilson.
- △ Carolyn soy yo.

6

- ● Un momento, por favor. ¿Gloria Antolín?
- ○ Soy yo.

7

- ● ¿Oyepodríasdecirmedondesecompran losimpresosdematrícula?
- ○ Perdona, no hablo español.

1.2. Rod Stone ha reservado una habitación. Ahora está en la recepción del hotel.

- ● Buenos días.
- ○ Buenos días. Soy Rod Stone.
- ● ¿Rodestorn?
- ○ No, no. Rod es el nombre y Stone el apellido.
- ● ¿Cómo se escribe?
- ○ S – T – O – N – E.
- ● ¡Ah, sí! Sr. Stone. Escriba su nombre y apellido en esta ficha, por favor.
- ○ ¿Está bien así?
- ● Sí, muy bien, gracias. Habitación 23.

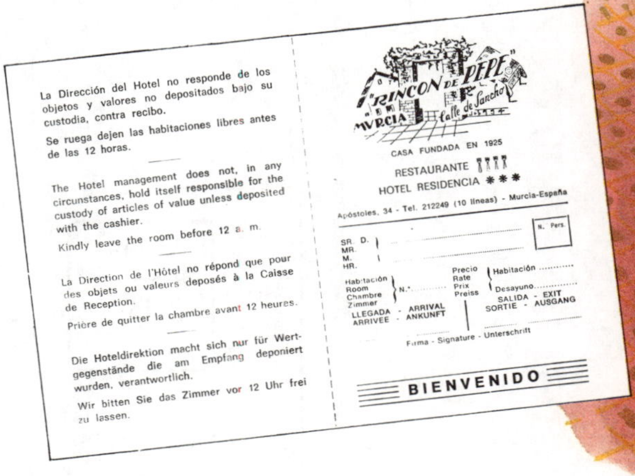

La Dirección del Hotel no responde de los objetos y valores no depositados bajo su custodia, contra recibo.

Se ruega dejen las habitaciones libres antes de las 12 horas.

The Hotel management does not, in any circunstances, hold itself responsible for the custody of articles of value unless deposited with the cashier.

Kindly leave the room before 12 a. m.

La Direction de l'Hôtel no répond que pour des objets ou valeurs deposés à la Caisse de Reception.

Prière de quitter la chambre avant 12 heures.

Die Hoteldirektion macht sich nur für Wertgegenstände die am Empfang deponiert wurden, verantwortlich.

Wir bitten Sie das Zimmer vor 12 Uhr frei zu lassen.

"RINCON DE PEPE"
MURCIA Calle de Sancho

CASA FUNDADA EN 1925
RESTAURANTE
HOTEL RESIDENCIA ✱✱✱
Apóstoles, 34 - Tel. 212249 (10 líneas) - Murcia-España

N. Pers.

SR. D. / MR. / M. / HR.

Habitación / Room / Chambre / Zimmer — N.º

Precio / Rate / Prix / Preiss — Habitación .... Desayuno ....

LLEGADA - ARRIVAL / ARRIVEE - ANKUNFT

SALIDA - EXIT / SORTIE - AUSGANG

Firma - Signature - Unterschrift

BIENVENIDO

1.3. Manolo intenta ligar.

● Manolo
○ Helga

- ● Hola. Eres extranjera, ¿verdad?
- ○ Sí, soy alemana.
- ● ¿De Berlín?
- ○ No, soy de Bonn.
- ● Yo soy vasco pero vivo en Barcelona.
- ○ ¡Ah...!
- ● Me llamo Imanol, ¿y tú?
- ○ Helga.
- ● ¿Estudias o trabajas?
- ○ Soy estudiante.
- ● Pues yo trabajo en un banco.

2. Se dice así

2.1. Saludos

Informales	● Hola. / Buenas. / ¿Qué hay?	○ Hola. / Hola, ¿qué tal? / Buenas.
Formales	● ○ Buenos días. / Buenas tardes. / Buenas noches.	

2.2. Información personal

ORIGEN/NACIONALIDAD

● ¿De dónde eres? / es usted?

○ Soy de Atenas / Roma / Tokio / ...

○ Soy Ø griego/a. / italiano/a. / japonés/a. / ...

● ¿Eres ______? / ¿Es (usted) ______?

○ Sí. / No, soy ______

NOMBRE

● ¿Cómo te llamas? / se llama?

○ Me llamo ______

● ¿Tú eres ______? / ¿Usted es ______?

○ Sí. / No, yo soy ______

PROFESIÓN

- ● ¿Eres ______ ? / ¿Es (usted) ______ ?
  ○ Sí. / No, soy ______
- ● ¿Qué haces?
  ○ Soy ______ / Estudio ______ / Trabajo en ______

DOMICILIO

- ● ¿Dónde vives? / vive?
  ○ Vivo en ______
- ● ¿Vives / ¿Vive en ______ ?
  ○ Sí. / No, vivo en ______

2.3. Fórmulas sociales

LLAMAR LA ATENCIÓN

- Oiga.
  Oye.
- Perdona.
  Perdone.
- Un momento, por favor.

DISCULPARSE

- Lo siento.
  Perdone/a.

3. Y ahora tú

3.1.

Un invitado llega a una fiesta. Puede ser a/b/c/d/e/f. Alguien abre la puerta. Practica con tu compañero según el modelo:

● abres la puerta
○ invitado a/b/c...

○ Hola.
● Hola, ¿tú eres a/b/c...?

○ Sí, soy yo.
  No, yo soy d/e/f...

INVITADOS
a. Pepe Sánchez
b. Ramón Puente
c. Julia Solana
d. Laura Rius
e. Jaime Santos
f. Merche Juárez

3.2.

Habla con tu compañero:

● tu compañero
○ tú hablando de ti mismo

a.● ¿Eres ______________________ ? (NOMBRE)

○ Sí.
  No, yo soy ______________
  me llamo ______________

b.● ¿Eres ______________________ ? (NACIONALIDAD)

○ Sí.
  No, soy ______________

c.● ¿ ______________________ ? (PROFESION) → estudiante / médico / abogado / arquitecto / ...

○ Sí.
  No, soy ______________

3.3.

Haz la pregunta:

1. ● Soy [illegible]

   ○ ¿ ______________________________ ?

2. ● Trabajo en [illegible]

   ○ ¿ ______________________________ ?

3. ● Vivo en [illegible]

   ○ ¿ ______________________________ ?

4. ● Estudio [illegible]

   ○ ¿ ______________________________ ?

5. ● Me llamo [illegible]

   ○ ¿ ______________________________ ?

3.4.

Relaciona:

¿Es Ud. la señorita Peláez?	No, soy de aquí.
¿Cómo se llama de apellido?	Lo siento, no hablo español.
¿Está bien así?	Hola, ¿qué tal?
Buenas tardes.	No, no soy yo.
¿Eres extranjero?	Buenas tardes.
Hola.	Vázquez.
¿Puedesdecirmesihayclasesporlatarde?	Sí, muy bien, gracias.

3.5.

Llegas a un congreso y hablas con la recepcionista.

● Recepcionista
○ Tú hablando de ti mismo

● Buenos días, ¿es usted el señor García?

○ No, ______________________________

● Perdone, ¿cómo se llama de apellido?

○ ______________________________

● ¿Cómo se escribe, por favor?

○ ______________________________

● ¿Su segundo apellido, por favor?

○ ______________________________

● ¡Ah, sí! Aquí está. Pase, pase.

○ ______________________________

3.6.

Estás hablando con una estudiante española en un bar.

● Tú hablando de ti mismo
○ Estudiante española

● ¿______________________________?

○ Margarita, ¿y tú?

● ______________________ ¿______________?

○ Soy de aquí, de Barcelona. Tú no eres de aquí, ¿verdad?

● ______________________________

○ ¿Y qué haces?

● ______________________ ¿______________?

○ Estudio inglés y voy a la Universidad.

4. ¡Ojo!

4.1.

soy
vivO
hablO
estudiO
trabajO
me llamO

eres
vivES
hablAS
estudiAS
trabajAS
te llamAS

es
vivE
hablA
estudiA
trabajA
se llamA

soy
eres
es

→ + Ø + español/a, extranjero/a, ... / estudiante, músico, periodista, ... / Carlos, Antonio, ...

→ + DE + Madrid, Marruecos, ...

vivo
vives
vive

→ + EN + París, España, ...

4.2.

Vivo en
¿Dónde vives?

Soy de
¿De dónde eres?

Me llamo
¿Cómo te llamas?

4.3. Abecedario

A a	(a)	N n	(ene)
B b	(be)	Ñ ñ	(eñe)
C c	(ce)	O o	(o)
Ch ch	(che)	P p	(pe)
D d	(de)	Q q	(cu)
E e	(e)	R r	(erre)
F f	(efe)	S s	(ese)
G g	(ge)	T t	(te)
H h	(hache)	U u	(u)
I i	(i)	V v	(uve)
J j	(jota)	W w	(uve doble)
K k	(ka)	X x	(equis)
L l	(ele)	Y y	(i griega)
Ll ll	(elle)	Z z	(zeta)
M m	(eme)		

"La eñe es la ene con bigote"
(R. GOMEZ DE LA SERNA)

4.4. Yo, tú, usted... Ø:

Ø

YO

Ø
¿ES USTED ________ ?

YO
¿ES USTED (nombre) ?

¿ES USTED ________ ?

5. Dale que dale

5.1.

Repite la misma pregunta en la forma USTED:

¿Eres extranjero? ¿ Es extranjero ?

1. ¿Cómo te llamas? ¿ __________ ?
2. ¿Hablas español? ¿ __________ ?
3. Tu nombre, por favor. __________
4. ¿Dónde vives? ¿ __________ ?
5. ¿Estudias idiomas? ¿ __________ ?

5.2.

Marca Tú o Ud. (usted) **a continuación de cada frase:**

1. ¿Vive en Madrid? ______
2. ¿Hablas ruso? ______
3. ¿Se llama Álvarez? ______
4. ¿Estudias idiomas? ______
5. ¿Eres extranjero? ______

5.3.

Completa:

1. ● Buenos ______. Me ______ Alberto Díaz y ______ de Granada.
2. ● ______ tardes. ______ Carlos Gimeno y vivo ______ Barcelona.
3. ● ¿ ______ usted español?
   ○ Sólo un poco pero hablo inglés y francés.
4. ● ¿ ______ usted de Siria?
   ○ No, soy ______ Jordania.
5. ● ¿Eres japonés?
   ○ ______, ______ chino, ______ Beijing.

5.4.

Forma el máximo de frases con un elemento de cada columna:

soy vivo hablo estudio me llamo	en de Ø	Sevilla árabe un poco de español extranjero David suizo idiomas México Helen Barcelona

5.5.

Escribe el texto. ¡Cuidado con yo, tú, usted/Ø!:

AMPARO GARCÍA

LEOPOLDO MATEOS FELIPE SORIANO

5.6.

Completa según el modelo:

● ¿ *Eres* secretaria?

○ No, *soy* enfermera.

1. ● ¿Cómo ____________?
   ○ ____________ Enrique.
2. ● ¿Dónde ____________?
   ○ ____________ en una oficina.
3. ● ¿Dónde ____________?
   ○ ____________ la calle Mallorca.
4. ● ¿Cómo ____________ usted?
   ○ ____________ Manuel Giménez.
5. ● ¿ ____________ Matemáticas?
   ○ No, ____________ Química.
6. ● ¿ ____________ usted sueco?
   ○ No, pero ____________ inglés y francés.
7. ● ¿De dónde ____________ Celia?
   ○ ____________ italiana, de Milán.

6. Todo oídos

6.1.

Señala la correspondencia entre los diálogos y los dibujos:

número: ____ número: ____ número: ____ número: ____

6.2.

número: ____ FERNÁNDEZ

número: ____ HERNÁNDEZ

número: ____ FERRÁNDEZ

6.3.

Responde sí o no a las preguntas:

1. ¿Es o no es español?
2. ¿Habla o no habla italiano?
3. ¿Es o no es Arturo?
4. ¿Se llama o no se llama González?

7. Tal cual

Completa con tus datos personales.

№ 55326

Póliza de 25 pesetas

EXTRANJEROS

Concedida renovación de autorización de residencia.

Núm. ....

.... Sr.

Don (1) ....

hijo de .... y de ...., nacido el ....
(Nombre de los Padres) (día)

de .... de 1 ...., en ...., provincia

de ...., nación ...., nacionalidad

de origen ...., nacionalidad actual ...., con

domicilio en ...., calle de ....,

número ...., piso ...., teléfono ...., profesión

...., estado civil ...., con doña ....

....

SOLICITA: a V. .... le sea concedida la renovación de autorización de residencia por .... años en España, alegando las siguientes causas: ....

....

....

Dios guarde a V. .... muchos años.

.... de .... de 19 ......

G. V.– Mod. 906

(Firma)

.... Señor ....

(1) Nombre y apellidos con que figuran en el pasaporte o documento consular. Las casadas expresarán también el apellido de solteras.

Donativo Montepío: Diez pesetas.

Completa con los datos personales de tu compañero.

ESCUELA OFICIAL DE IDIOMAS
BARCELONA

EDAD | * NIVEL | Idioma | N.º DE MATRICULA

APELLIDOS

PRIMERO

SEGUNDO

NOMBRE

El presente resguardo deberá ser conservado por el alumno, durante todo el año académico, siendo imprescindible su presentación para toda tramitación dentro del Centro.

El interesado abonó la cantidad de Pesetas en esta oficina.

Barcelona, ...

Por la oficina recaudadora,

El presente recibo carece de validez sin el sello de la Escuela.

PARA EL INTERESADO

Este resguardo deberá presentarse al profesor el primer día de clase.

Barcelona, ...

Aula.......................... Hora..........................

* 1 ORDINARIA
2 HIJO FUNCIONARIO M. E. y C.
3 ESCASEZ RECURSOS
4 BECARIO
5 FAM. NUMEROSA 2.ª
6 FAM. NUMEROSA 1.ª

8. Allá tú

9. Somos así... ¡qué le vamos a hacer!

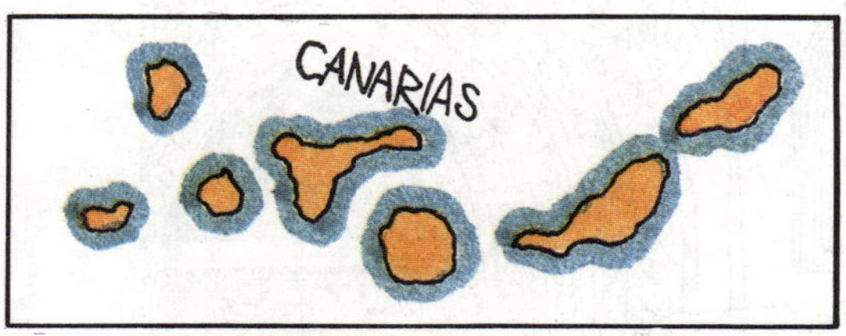

Hay cinco chicas españolas:

NOMBRES	APELLIDOS	LUGAR DE ORIGEN
Amaya	Pont	vasca
Pilar	Casajús	catalana
Paloma	Moreno	andaluza
Montse	Izabal	aragonesa
Carmela	Alonso	castellana

	1.ª	2.ª	3.ª	4.ª	5.ª
Nombre					
Apellido					
Lugar de origen					

Rellena el cuadro a partir de los datos siguientes:

Carmela no es catalana.
La catalana es la tercera.
La castellana no está junto a la catalana.
Paloma es la quinta.
La andaluza es la primera.
La aragonesa se llama Casajús de apellido.
La vasca no es la segunda.

Amaya no se llama Moreno de apellido.
El apellido Moreno es andaluz.
Montse es un nombre catalán.
La aragonesa se llama Pilar.
Izabal y Pont no son apellidos castellanos.
El apellido vasco tiene una zeta.

2

¿DÓNDE ESTÁN LAS LLAVES?

1. ¿Qué me cuentas?

1.1. Monika y Yasser se encuentran por la calle.

- ■ Perdone, ¿está cerca el Barrio Gótico?
- □ Pues... ¡Hombre, Yasser! ¿Qué hay?
- ■ ¡Monika! ¿Qué haces por aquí?
- □ Mira, paseando... ¿Vas al Barrio Gótico?
- ■ No está muy lejos, ¿verdad?
- □ Pues no lo sé pero tengo un plano de Barcelona:
- ■ A ver...
- □ Mira, estamos aquí. No, no está lejos. Hay que coger la primera calle a la derecha, al final de la calle giras a la izquierda y luego sigues todo recto unos cien metros.
- ■ ¡Ah, vale! ¿Vienes conmigo?
- □ Vale, de acuerdo.

1.2. La señora Robles tiene una nueva señora de limpieza.

- ● Mire, primero la cocina, después el cuarto de baño, luego las habitaciones y el pasillo y, al final, el comedor.
- ○ ¿Y la terraza?
- ● ¡Ah, sí! La terraza antes del comedor.

1.3. Un señor muy tímido en un bar.

- ● Perdone, ¿dónde está el lavabo?
- ○ ¿Cómo dice?
- ● ¿Dónde están los servicios?
- ○ Más alto, por favor.
- ● Que dónde está el lavabo.
- ○ ¡Ah! Los servicios... Al fondo a la derecha.

1.4. Berta ha ido a casa de Nacho a pasar la tarde.

- ● Oye, Nacho, ¿tienes un cenicero?
- ○ Sí.
- ● ¿Y dónde está?
- ○ Allí, en el suelo, al lado del sillón.
- ● Pues aquí no está...
- ○ Sí, mujer, allí, entre el sillón y la lámpara.
- ● ¡Ah, sí! ¿Y dónde hay cerillas?
- ○ En la estantería.
- ● No hay.
- ○ Pues en ese cajón o debajo de los papeles o encima de la mesa... ¡Yo qué sé!

1.5. El señor Dubois no conoce la ciudad.

- ● ¿Correos, por favor?
- ○ Aquí mismo, a la izquierda.

- ● Buenos días; por favor, ¿para ir a la Plaza Mayor ?
- ○ Todo recto; la primera calle no, la segunda a la derecha.

- ● Oiga, por favor, ¿hay una cabina de teléfonos por aquí?
- ○ Al final de esta calle.

1.6. En unas oficinas.

- ● Oiga, por favor, ¿para pedir un visado?
- ○ Aquella puerta del fondo, al final del pasillo.

- ● ¿La sección de seguros?
- ○ Lo siento, no lo sé. No soy de aquí.

- ● Buenos días, ¿hay aquí una oficina de turismo?
- ○ Sí, por esa puerta de la izquierda, subiendo la escalera.
- ● Gracias.

2. Se dice así

2.1. Existencia de objetos

● ¿Tiene/s [un / una] ______ ?

○ Sí (hay uno/una). Está + **Ubicación de objetos**

2.2. Ubicación de objetos

● ¿Dónde está [el / la] ______ ?
¿Dónde hay [un / una] ______ ?

○ aquí.
allí.
en ______
al lado de ______
entre ______ y ______
dentro de ______
debajo de ______
encima de ______
sobre ______

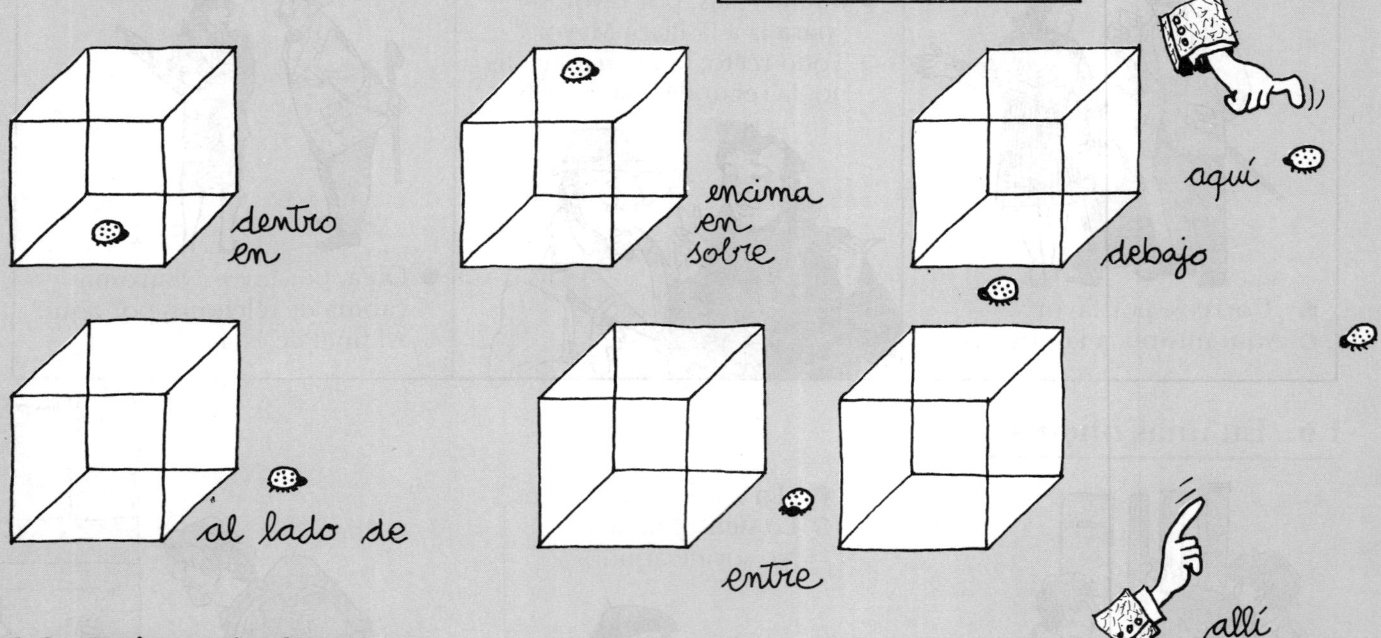

2.3. Existencia de lugares

● ¿Hay [un / una] ______ por aquí (cerca)?

○ Sí, (hay uno/una). Está + **Ubicación de lugares**

● ¿La [calle, / plaza / ...] X , por favor?

○ [Es ésta. / Está] + **Ubicación de lugares**

2.4. Ubicación de un piso

Piso + puerta

2.5. Ubicación de lugares

○ Está

- cerca/lejos
- aquí (mismo)/allí
- a unos X [metros / minutos]
- al fondo
- al final de ______
- en ______
- al lado de ______
- entre ______ y ______

→ a la derecha / a la izquierda

- la primera/segunda/.. → a la derecha / a la izquierda
- todo recto
- por ______ → esta calle / esta puerta / ... / aquí → a la derecha / a la izquierda

2.6. Secuencia

Primero ______
Después/luego ______
Al final ______

Antes ______

2.7. Ignorancia

No lo sé

2.8. Información sobre sí mismo

No soy de aquí

2.9. Acuerdo

● ¿Vale?
¿De acuerdo?

○ Vale.
Sí.
De acuerdo.

2.10. Agradecimiento

● Gracias.
○ De nada.

3. Y ahora tú

3.1.

Estás en casa de un amigo.

○ tú
● tu amigo

1. ○ ¿ ______________________________ ?
   ● En el pasillo, la segunda puerta.

2. ○ ¿ ______________________________ ?
   ● Sí, en la cocina.
   ○ ¿ ______________________________ ?
   ● La primera puerta a la derecha.

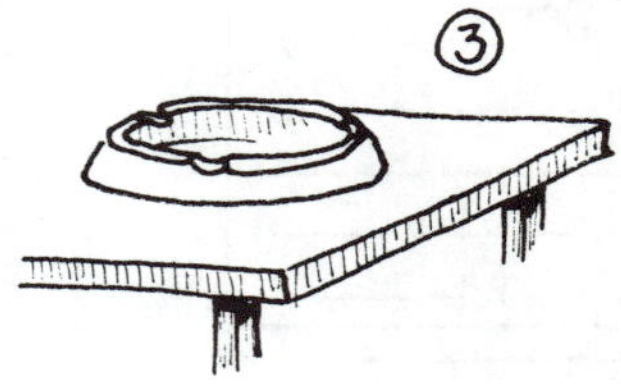

3. ○ Oye, ¿dónde está el cenicero?
   ● ______________________________

4. ○ ¿Tienes un periódico?
   ● ______________________________

3.2.

Un amigo está en tu casa.

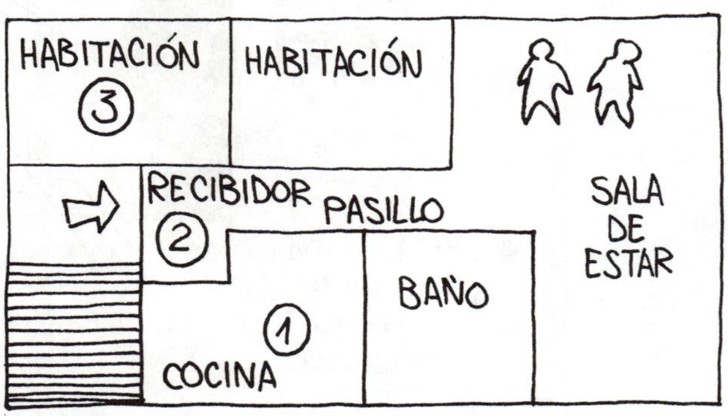

○ tú
● tu amigo

● Oye, ¿dónde está el lavabo?
○ ______________________________
● ¿Tienes vino? (1)
○ ______________________________
● ¿Dónde está mi chaqueta? (2)
○ ______________________________
● ¿Tienes una revista? (3)
○ ______________ ______________

3.3.

● Portero
○ Cartero

○ Por favor, ¿dónde vive el Sr. ______________ ?
● ______________________________
○ ¿Y el Sr. ______________________ ?
● ______________________________
○ ¿Y ______________________________ ?
● ______________________________
○ ¿Y el Sr. ______________________ aquí?
● ______________________________

	ESCALERA IZQUIERDA		ESCALERA DERECHA	
	PRIMERA	SEGUNDA	PRIMERA	SEGUNDA
4º CUARTO	● RUIZ	● MÁRQUEZ	● DELIBES	● BALLESTER
3º TERCERO	● SANTOS	● GARCÍA	● SENDER	● VARGAS
2º SEGUNDO	● MIRALLES	● CARPENTER	● MATUTE	● LLOSA
1º PRIMERO	● AZNAR	● BORGES	● TORRENTE	● CORTÁZAR

3.4.

¿Qué hay que hacer para llamar a tu país desde España?

Primero hay que...

marcar el prefijo 07
esperar la señal
marcar el prefijo del país
marcar el prefijo de la localidad
marcar el número de teléfono

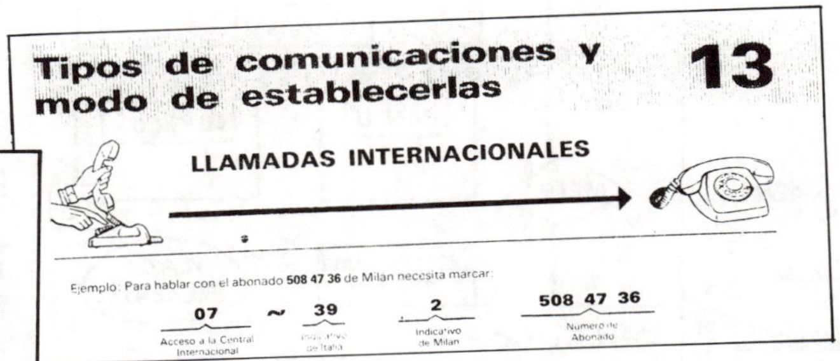
Tipos de comunicaciones y modo de establecerlas **13**

LLAMADAS INTERNACIONALES

Ejemplo: Para hablar con el abonado **508 47 36** de Milan necesita marcar:

07 Acceso a la Central Internacional ~ **39** Indicativo de Italia **2** Indicativo de Milan **508 47 36** Numero de Abonado

Primero la farmacia...

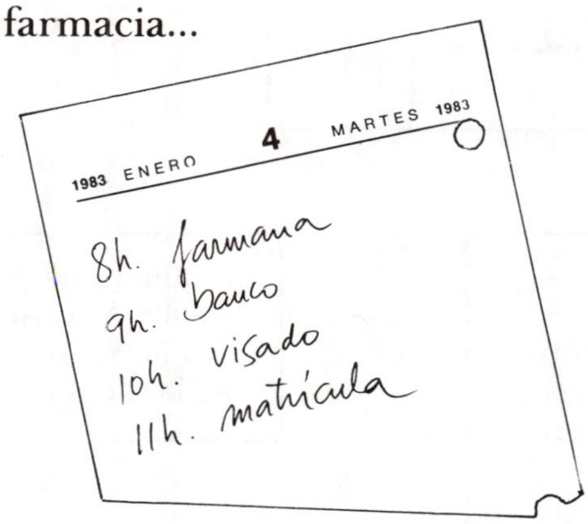

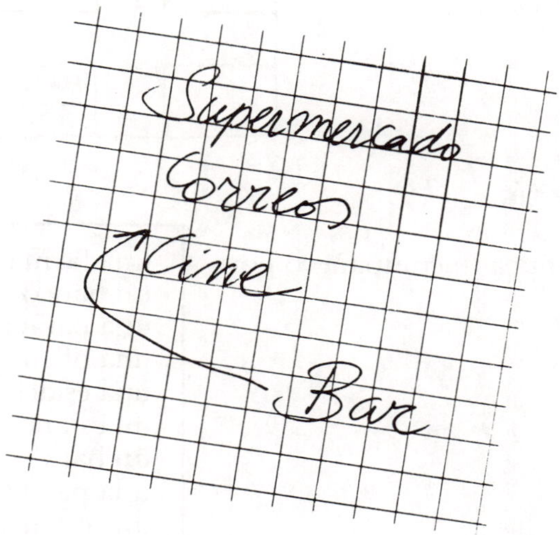

3.5.

Primero... después... y luego...

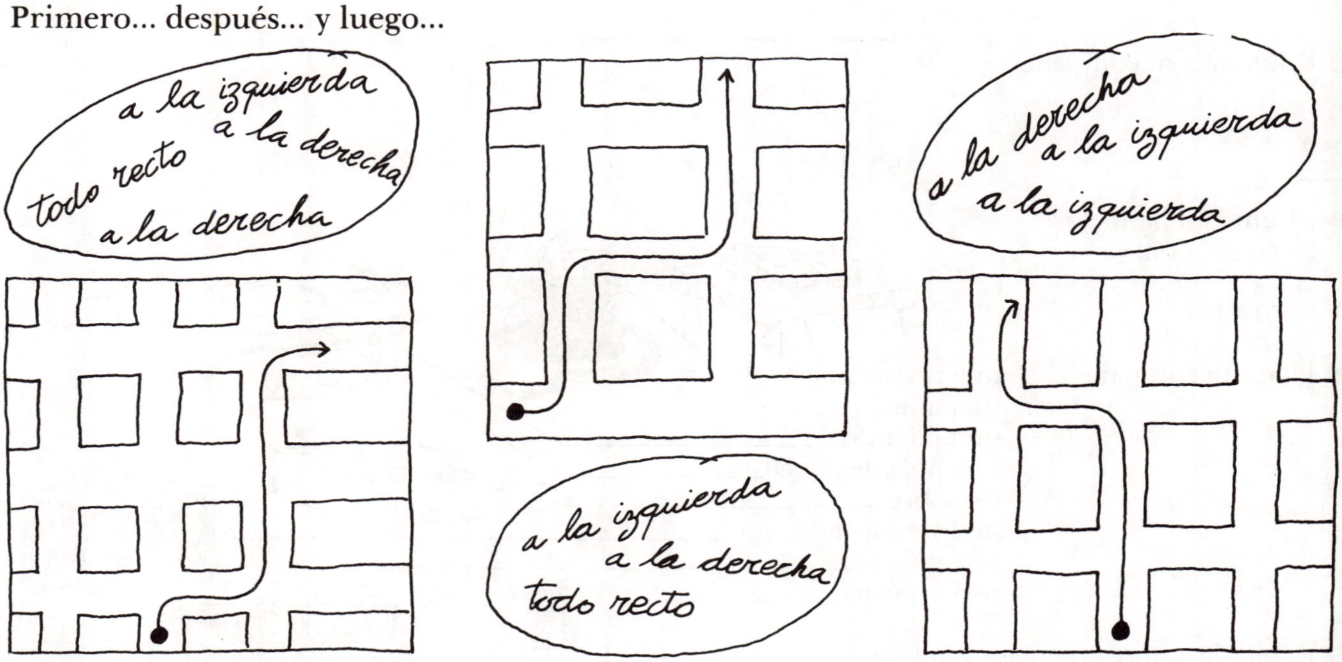

3.6.

● *Perdón, ¿hay una cabina por aquí?*
○ *Sí, la primera a la izquierda.*

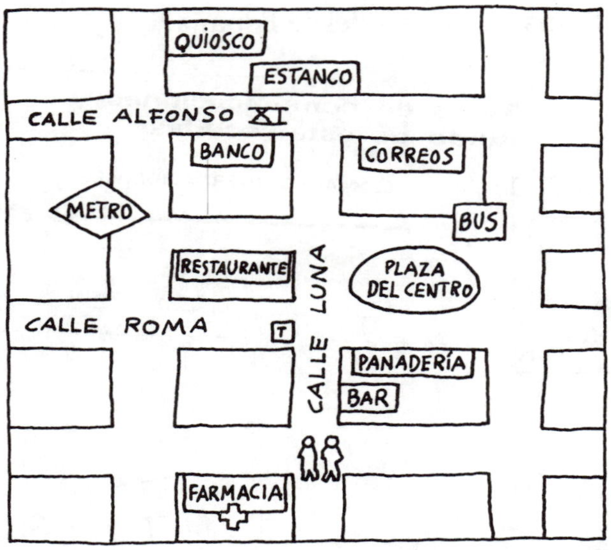

● *Perdón, ¿la calle Luna?*
○ *Es ésta.*

Y ahora tú:

● Pregunta a tu compañero por:

una farmacia
un banco
una parada de autobús
una oficina de correos
una estación de metro
un estanco
un bar
una panadería
un restaurante
un quiosco

la calle Luna
la calle Alfonso XI
la calle Roma
la Plaza del Centro

○ Contesta a tu compañero

3.7.

● ¿Tienes un pañuelo?
○ Sí, en el cajón.

Y ahora tú:

● Pide a tu compañero

una revista
un pañuelo
un bolígrafo
una hoja de papel
un sobre
un listín de teléfonos
una guía
una aspirina

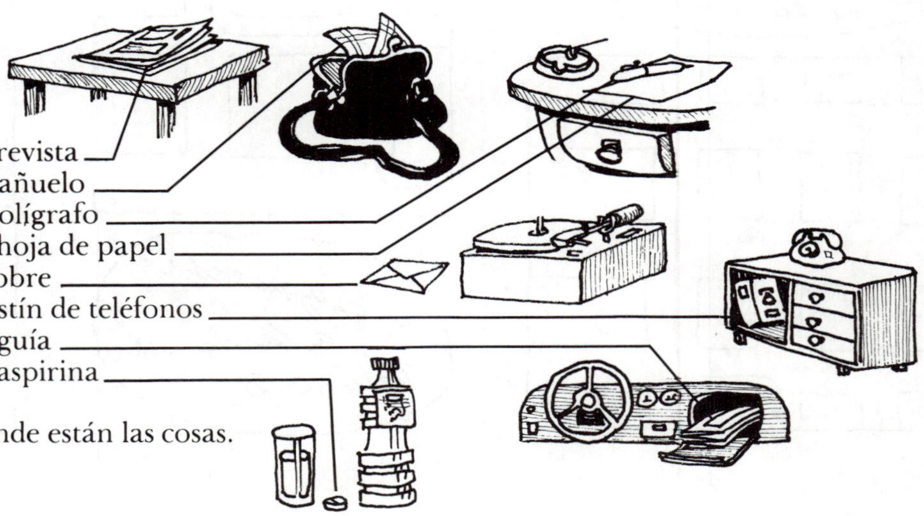

○ Explícale a tu compañero dónde están las cosas.

4. ¡Ojo!

4.1.

–AR	mirar girar perdonar	girAS girA	–AS –A	tú usted
–ER –IR	coger tener seguir oir venir decir	cogES cogE tienES tienE siguES siguE oyES oyE vienES vienE dicES dicE	–ES –E	tú usted

ESTAR	TENER	IR	VENIR
estoy	tengo	voy	vengo
estás	tienes	vas	vienes
está	tiene	va	viene
estamos	tenemos	vamos	venimos
estáis	tenéis	vais	venís
están	tienen	van	vienen

4.2.

Perdona/e
Oiga/Oye

Mira/e

4.3. Hay

Hay + singular	Ej: Hay un estanco.
Hay + plural	Ej.: Hay cerillas.
Hay + que + verbo	Ej.: Hay que coger la primera.

4.4. Está/Hay

Está/n
- el/la/los/las + nombre común
- nombre propio
  - de persona: Julia, Alberto, etc.
  - no persona: Correos, Teléfonos, etc.

Hay +
- un/una + nombre singular — Ej: Hay un banco.
- Ø + nombre común en plural — Ej.: Hay cerillas.

4.5. Maneras de ordenar

A	B	C
la parada el libro la puerta Carmen ...	está	cerca en casa encima de la cama aquí ...

A	B	C
una parada un mercado una silla un listín ...	hay	cerca en la habitación allí en el cajón ...

B + C + A A + B + C	¿Está cerca la parada? ¿La parada está cerca?	¿Hay una parada cerca? ¿Cerca hay una parada?	B + A + C C + B + A
A + B + C B + C + A	La parada está cerca. Está cerca la parada.	Hay una parada cerca. Cerca hay una parada.	B + A + C C + B + A

4.6.

Hay un	banco quiosco estanco bar ...	Hay una	farmacia parada de autobús cafetería ...
Hay uno	a quinientos metros cerca a la derecha ...	Hay una	a unos diez minutos a la izquierda todo recto ...

4.7.

Primero/a, segundo/a, tercero/a, cuarto/a

Primer Tercer	piso curso ...	Primera	puerta planta ...

Vivo en el tercer piso / el tercero

4.8.

De + el → DEL
De + la → DE LA

A + el → AL
A + la → A LA

5. Dale que dale

5.1.

Completa con una palabra en cada espacio.

1. ● ¿Hay ______ banco aquí ______ ?
   ○ Sí, ______ primera calle ____ la izquierda.

2. ● Por favor, ¿hay ____ cabina ______ aquí?
   ○ Sí, después ______ la plaza a ____ derecha.

3. ● Perdone, ¿ ______ cambiar dinero?
   ○ Aquella puerta ____ la izquierda.

4. ● Perdona, ¿hay ______ oficina de Correos ______ aquí?
   ○ Mira, ____ primera ____ ____ izquierda. Después sigues recto y ____ segunda ____ ____ izquierda también.

5. ● Oiga, ¿hay ____ bar ____ aquí ____ ?
   ○ Sí, al final ____ esta calle.

5.2.

Completa con cerca, lejos, al fondo, al final de, entre, encima de, **etc.**

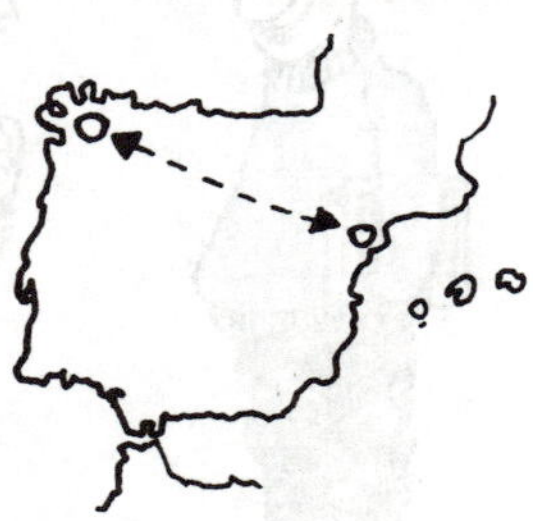

○ ¿Valencia está ______ de La Coruña?

● No, está muy ______________

○ ¿Dónde está el teléfono?

● ______________ la mesa.

○ ¿Y el bolígrafo?

● ______________ el teléfono.

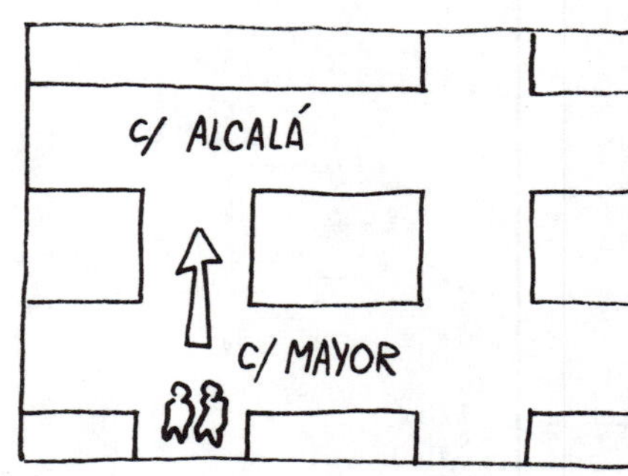

○ Por favor, ¿la calle Alcalá?

● ______________ esta calle.

○ ¿Dónde está Ramona?

● ________ Joaquín y Ricardo.

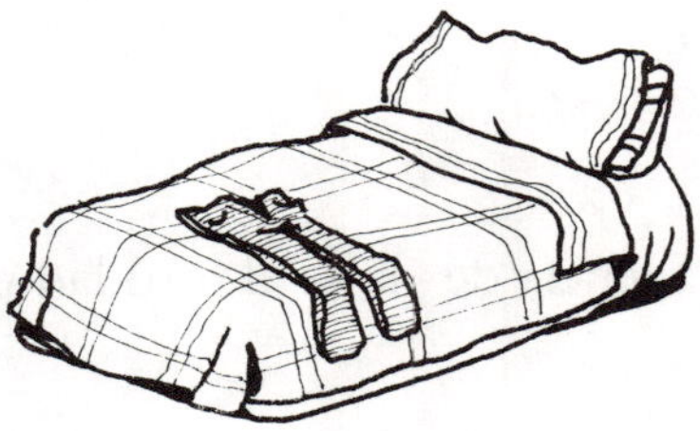

○ ¿Dónde están mis pantalones?

● ______ la cama.

○ ¿Tienes un libro?

● Mira ______ la estantería.

5.3.

Completa con el/la/los/las/un/una/ ...o Ø:

1. Oiga, por favor, ¿hay ______ oficina de turismo por aquí cerca?
2. Perdone, ¿ ______ calle Córcega?
3. Perdón, ¿para ir a ______ Estación?
4. Por favor, ¿dónde están ______ servicios?
5. Oye, ¿dónde está ______ Universidad Autónoma?
6. ¿Tienes ______ bolígrafo, por favor?
7. ¿Hay ______ banco por aquí?
8. ______ caja de cerillas está sobre la mesa de la cocina.
9. ______ Plaza de Castilla está al final de esta calle.
10. Para ir a ______ Correos hay que seguir recto y después coges la segunda a la derecha.

5.4.

Completa el diálogo según el plano:

● Por favor, ¿hay una oficina de turismo por aquí?

○ Sí, ______ recto por esta calle, después ______ la segunda a la derecha y luego ______ la primera a la izquierda.

No ______ muy lejos.

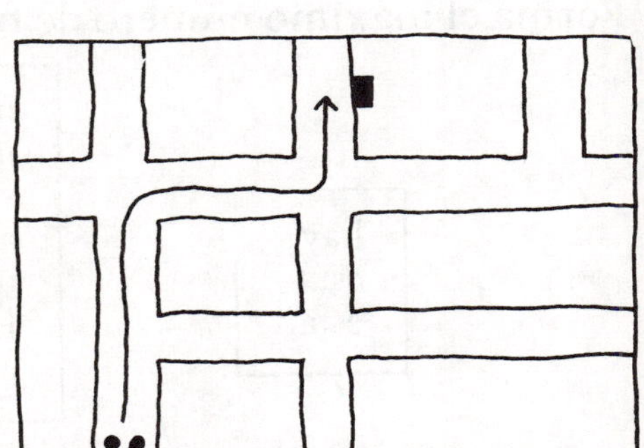

5.5.

Completa con está/están/hay:

1. Las llaves del coche ______ sobre la tele.
2. ¿Dónde ______ mi chaqueta?
3. Las gafas ______ sobre la mesa de tu habitación.
4. ¿ ______ un estanco en la Plaza del Norte?
5. ¿Dónde ______ la parada del autobús?
6. En tu bolso no ______ cerillas.
7. El periódico ______ en la cocina.
8. ______ una agencia de viajes al otro lado de la calle.
9. Mi casa ______ cerca de la Universidad.
10. El lavabo ______ en el pasillo, saliendo a la derecha.
11. Madrid ______ a unos 500 Km. de Barcelona.
12. El coche ______ en el parking.

5.6.

○ ¿Dónde está el encendedor ?
● Está encima de la mesa.
○ No, no está.
● Entonces, en ese mueble.

○ ¿Dónde está/n...?	● Está/n...	○ No,... ● Entonces,...
la corbata mis pantalones el bolso el disco nuevo mi reloj los macarrones las bebidas	encima de la cama en la cocina en el recibidor en el cajón al lado del aceite debajo del abrigo en el armario	en ese mueble encima de la mesa al lado del tocadiscos en la nevera debajo de la chaqueta encima del sillón debajo de la falda

5.7.

Forma el máximo número de frases posibles:

¿				?
¿	hay está están	muy lejos una cabina de teléfonos vasos arriba una parada de autobús Herbert y Alice Marie-Claire	aquí cerca en casa la plaza España en la cocina los servicios en su habitación	?

6. Todo oídos

6.1.

Escucha y señala el camino en el plano:

6.2.

Escucha y responde a las preguntas:

¿Dónde están las llaves del coche? ____________________
¿Y las gafas? ____________________
¿Y las llaves de la oficina? ____________________
¿Y la chaqueta? ____________________
¿Y el armario? ____________________

6.3.

Escucha y toma notas:

7. Tal cual

Plano Parcial	C a l l e s
129-G	Poeta Manuel del Palacio (Pl.)
285-E	Poeta Rioja
167-J	Polibea
330-B	Pollensa
304-C	Polvoranca
304-E	Polvoranca (Cº.)
127-L	Ponce de León
43-E	Ponce de León
177-C	Ponciano
47-K	Ponferrada
88-E	Poniente
300-H	Pons de Molins
208-F	Pontejos (Pl.)
155-B	Pontevedra
206-E	Pontones (Pº.)
127-B	Ponzano
312-G	Porcel
193-I	Porcelana
84-C	Porfirio
290-K	Porta Coeli
192-J	Portal
241-I	Portal de Belén
257-D	Portalegre (Av.)
203-C	Porthos
2-L	Portillera del Tambor (Cº.)
3-B	Portillo (Cº.)
175-B	Portugal (Av.) (Impares) (Pares)
84-D	Portugalete
220-D	Portugalete
215-A	Porvenir
231-H	Postal
208-B	Postas
107-F	Posterior Occidental
345-L	Potasa
104-I	Potosí
163-G	Poveda (La)
214-B	Povedilla
178-B	Pozas
178-A	Pozas (Trv.)
209-A	Pozo
334-K	Pozo del Tío Raimundo
174-L	Pozoblanco
333-A	Pozohalcón
51-L	Pozuelo (Cº.)
201-J	Pradales
161-G	Prádena del Rincón
10-K	Pradera (Pl.)
327-D	Pradera del Valle
132-E	Pradillo
162-A	Pradillo (Cllj.)
162-D	Pradillo (Pje.)
209-F	Prado
210-B	Prado (Pc.)
197-C	Prado Alegre
304-L	Prado Merinero

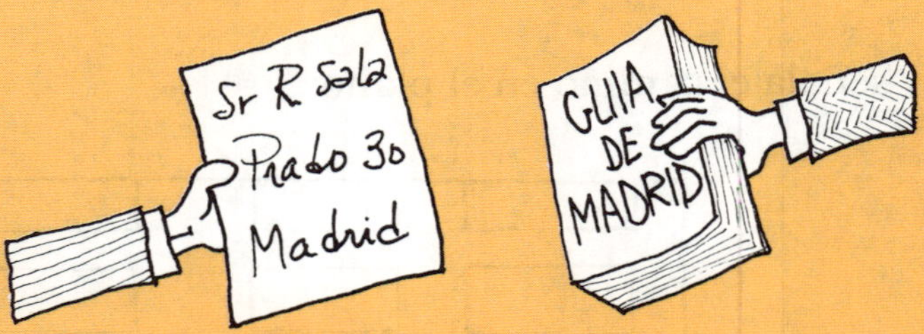

○ Por favor, ¿dónde está esta dirección?
● Aquí está el plano. A ver...

● ... plano 209, sector F.

○ Aquí está el plano 209, ¿y el sector F?
● Es fácil, busca la letra F y ya está.

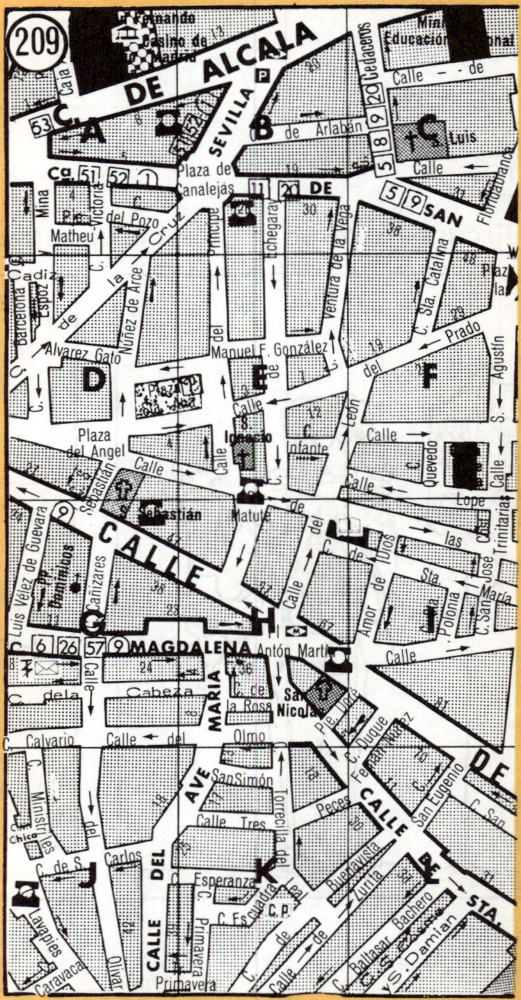

Y ahora tú
Pregunta a tu compañero por:

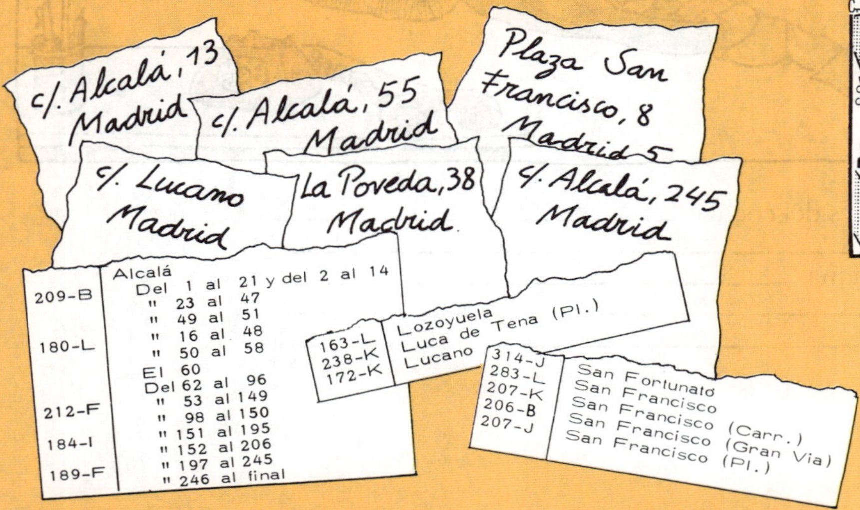

Referencias

Pl. = plaza
Pº = paseo
Av. = avenida
Pje. = pasaje

8. Allá tú

TAQUILLAS
BANCO
TELÉFONO
CAFETERÍA
CAFETERÍA
ANDENES
VÍA 1.2
VÍA 3.4
ÁREA COMERCIAL
KIOSCO LIBRERÍA
REGALOS SOUVENIRS
ESTANCO TABACOS
RELOJES PARAGUAS
INFORMACIÓN Y TURISMO
METRO

9. Somos así... ¡qué le vamos a hacer!

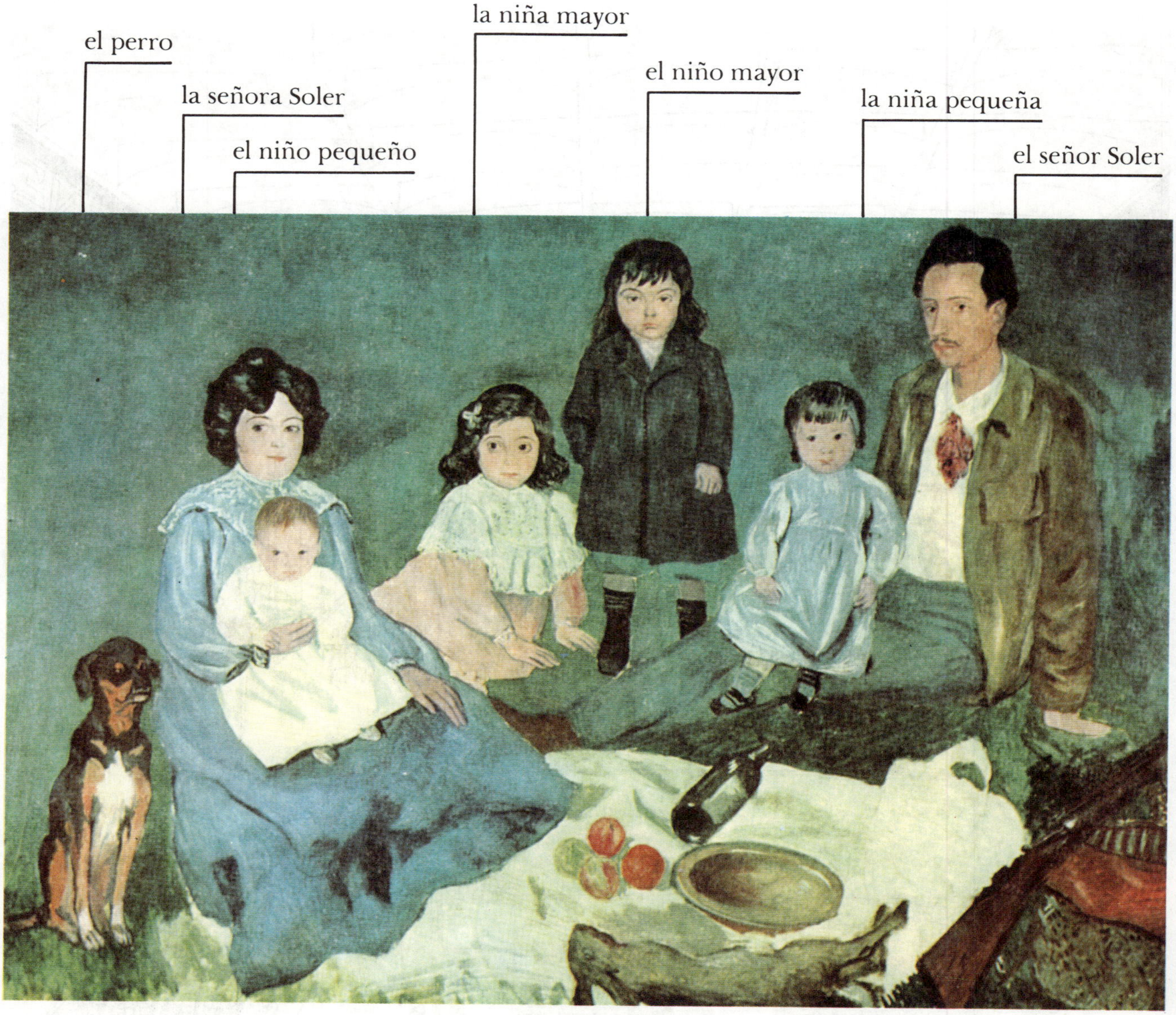

PICASSO (1881-1973)
La familia Soler

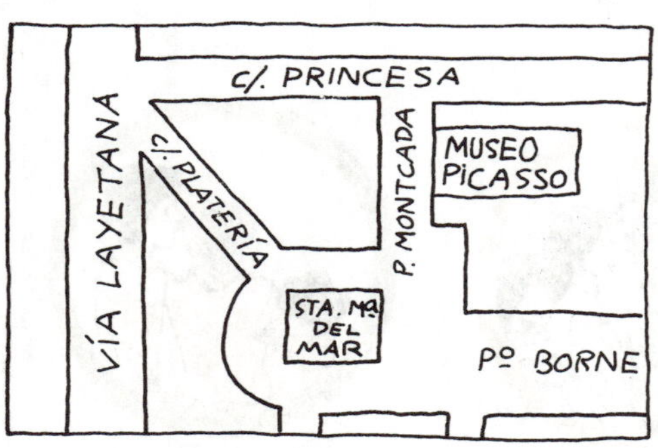

Museo Picasso de Barcelona

Sobre todo de noche,
de noche hay muchas estrellas
todas dentro de un río
como una cinta junto a las ventanas
de las casas llenas de pobres gentes.
PABLO NERUDA

3

¿Y A TI QUÉ TE PARECE?

1. ¿Qué me cuentas?

1.1. En la planta baja de "Galerías Inglesas"

Δ dependiente
● cliente
○ cliente

Δ Es una chaqueta muy bonita.
● No está mal... ¿A ti qué te parece?
○ A mí me gusta más la verde.

○ También quiero unos pantalones. Para llevar con esta chaqueta.
Δ ¿Cómo los quiere? ¿De pana, de lana...?
○ De pana, por favor.
Δ ¿Le gustan éstos?

Δ Ésta de 5.000 está muy bien y ésta de 6.500, también.
● ¿No tiene otra más barata?
Δ Sí, mire: ésta, 4.500; ésta, 4.000...
● La de 4.500 está muy bien, ¿no te parece?
○ Sí, pero me gustan las dos.
● Bueno, pues ésta.

Δ ¿Sí?
○ ¿Tiene sobres?
Δ ¿Cómo? ¿Así?
○ ¿No tiene otro más grande?
Δ Éste. ¿Qué más?
○ Sellos: uno para Italia y dos para España. ¿Cuánto es?
Δ Son 90 pesetas.

● Quería un bolso.
Δ ¿Para usted?
● No, para una chica joven

○ Uno como éste pero de otro color.

● Un paraguas como ésos del escaparate.

Δ ¿Un bolso?
● Sí señor, un bolso de tela.
Δ ¿De qué color es?
● Marrón.
Δ ¿Y cómo es? ¿Grande o pequeño?
● Pequeño y bastante nuevo.
Δ ¿Es éste?
● No, el mío es más pequeño y dentro hay una agenda de plástico, una cartera de piel y unos pañuelos de papel.

Δ ¿Cómo lo quiere?
● En billetes de mil.
Δ Tome.

Δ Mire, uno de cinco mil, diez de mil, tres de cien y ochenta y cinco en monedas.
○ Gracias.

1.2. Monika y Yasser se han encontrado y han ido a tomar algo cerca de casa de Monika

□ Monika
■ Yasser

■ Ya tengo piso.
□ ¿Sí? ¿Cómo es?
■ Es un piso antiguo, tiene dos habitaciones... Una es bastante grande y cuadrada; la otra es rectangular.
□ ¿Y dónde está?
■ Al lado del metro de Sarriá. Hay una plaza y una calle estrecha a la derecha. Al final de esa calle está el piso.
□ Está muy bien, ¿no?
■ Sí, no está mal.
□ Mira, yo vivo allí. ¿Ves aquel edificio alto, al lado del banco?
■ ¿Cuál? ¿Ése gris?
□ No, el del otro lado.
■ Ah, sí.
□ Pues yo vivo en el cuarto piso, en aquel balcón de las flores.

2. Se dice así

2.1. Sorpresa/admiración/exclamación

● ¡Qué [bonito / caro / feo / ...] !

2.2. Expresión de gustos y preferencias

● ¿Te gusta/n ______________?

Agrado

○ Sí, me gusta/n [muchísimo / mucho / bastante / Ø]

Desagrado

○ No, no me gusta [mucho / nada / Ø]

Indecisión

○ No sé, no está mal

Preferencia

○ [Sí, pero / No,] me gusta/n más + **2.5. Identificación de objetos**

● ¿Qué te parece/n ______________?

Agrado

○ Me gusta/n [muchísimo / mucho / bastante / Ø]

Desagrado

○ No me gusta/n [mucho / nada / Ø]

Indecisión

○ No sé, no está mal

Preferencia

○ Me gusta/n más + **2.5. Identificación de objetos**

2.3. Pedir lo que se quiere comprar

● [Quiero / Quería] + [2.5. Identificación de objetos] / [2.6. Descripción de objetos]

2.4. Preguntar si tienen lo que se quiere

● ¿Tienen ________________?

● ¿No tiene otro/a un poco más [grande / barato/a / . . .] ?

2.5. Identificación de objetos

● este pañuelo azul

● [el / éste] + [azul / de] → [500 pesetas / tela / color azul / la derecha]

2.6. Descripción de objetos

● [una / un] + [falda / reloj / ...] →
- [verde / grande / barato/a / . . .]
- [de lana / de plata / ...]
- [para mí / para una chica / ...]
- [como éste / como el del escaparate / ...]

3. Y ahora tú

3.1.

Practica con tu compañero:

○ compañero
● tú hablando de ti mismo

○ ¿Qué te parece este ______?
¿Te gusta esta ________?

● ¡Oh, sí! ¡Qué bonito!
Me gusta mucho.
Está muy bien.
No está mal.
No me gusta.
No me gusta nada.
¡Qué feo!
/ No lo sé.

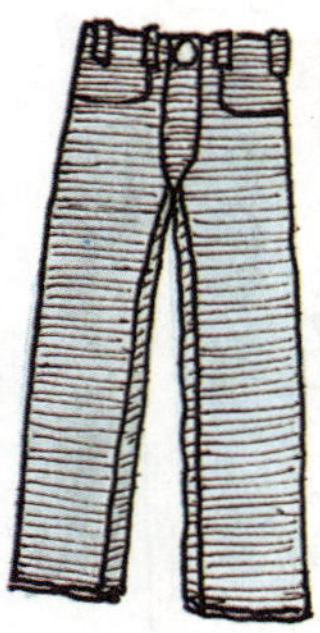

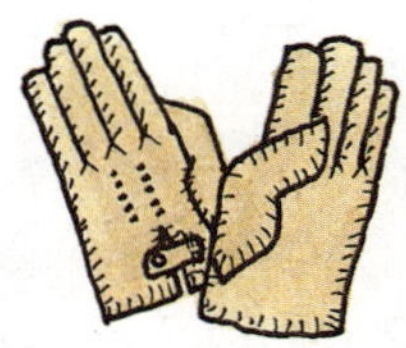

3.2.

¡Qué lío...! Ordena la lista:

3.3.

Habla con tu compañero:

○ compañero
● tú hablando de ti mismo

○ ¿Cómo te gusta viajar?

● En ________ . Es más
- seguro
- rápido
- cómodo
- tranquilo
- bonito
- barato
- ...

3.4.

Habla con tu compañero:

● compañero
○ tú hablando de ti mismo

● ¿Te gusta ____________ ?

○ Sí, me gusta mucho. Es muy
No, no me gusta. Me parece muy / demasiado

- feo
- bueno
- divertido
- moderno
- interesante
- soso
- pasado de moda
- antipático
- guapo
- inteligente
- malo
- simpático
- aburrido
- tonto
- machista

● A mí también/tampoco/sí/no

WOODY ALLEN

MARILYN MONROE

HERMANOS MARX

LOS BEATLES

CHARLES CHAPLIN

H. BOGART I. BERGMAN

LAUREL Y HARDY

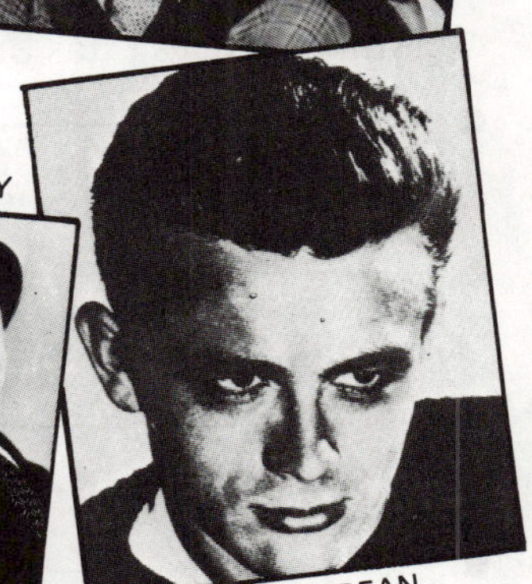
JAMES DEAN

3.5.

¿Cuál prefieres?

3.6.

Quieres comprar una bolsa de viaje moderna, de tela, para una chica joven, de más o menos 7.000 pesetas.

○ dependiente
● tú

○ Buenas tardes.

● ______________________ (1)

○ Sí, ¿cómo la quiere?

● ______________________ (2)

○ Mire, tenemos éstas. Están muy bien.

● ______________________ (3)

○ ¡Ah! Entonces estas otras.

● ______________________ (4)

○ Sí, también la tenemos de tela. Mire, ¿qué le parece?

● ______________________ (5)

○ Ésta, 12.000 pesetas.

● ______________________ (6)

○ Sí, a ver... Ésta, 10.000; ésta, 9.500; ésta, 7.300...

● ______________________ (7)

○ Muy bien, pase por caja, por favor.

4. ¡Ojo!

4.1. Gustar y parecer

gustA parecE	⟷	gustAN parecEN
	⟷	

¿Te gusta esta foto?
Sí, me gusta.

¿Te gustan estas fotos?
Sí, me gustan.

Esta foto me parece bonita.
Estas fotos me parecen bonitas.

A MÍ
A TI
A USTED/ A ÉL/ A ELLA/

Yo	(A mí)	me	gusta/n	parece/n
Tú	(A ti)	te	gusta/n	parece/n
Usted	(A usted)	le	gusta/n	parece/n
Él	(A él)	le	gusta/n	parece/n
Ella	(A ella)	le	gusta/n	parece/n

A mí, A ti, A usted, A él, A ella → -a/-an, -e/-en

(Yo)	quierO	comprO
(Tú)	quierES	comprAS
(Usted)	quierE	comprA
(Él)	quierE	comprA
(Ella)	quierE	comprA

Yo → -o
Tú → -es / -as
Usted, Él, Ella → -e / -a

4.2. También/tampoco

 ○ A mí me gusta.	 ● A mí, también.	 ○ A mí me gusta.	 ● A mí, no.
 ○ A mí no me gusta.	 ● A mí tampoco.	 ○ A mí no me gusta.	 ● A mí, sí.

4.3. Muy ↔ mucho

MUY + bien / mal / … ; grande / bonito / caro / …

↔

Vale / Me gusta / … + MUCHO

4.4 Lo/la/los/las

quiero / tengo / … / … + este libro / unos discos de Vivaldi / unas canciones / una.......... de .... → LO / LOS / LAS / LA + quiero / tengo / … / …

~~○ Quería unos pantalones.~~
~~● ¿Cómo quiere LOS PANTALONES?~~
~~○ Quiero LOS PANTALONES de pana.~~
~~● ¿De qué color quiere LOS PANTALONES?~~
~~○ Quiero LOS PANTALONES azules.~~

→

○ Quería unos pantalones.
● ¿Cómo LOS quiere?
○ LOS quiero de pana.
● ¿De qué color LOS quiere?
○ Azules.

4.5. Adjetivos

singular		plural	
masculino	femenino	masculino	femenino
-O rojo pequeño	-A roja pequeña	-OS rojos pequeños	-AS rojas pequeñas
-E grande interesante		-ES grandes interesantes	
-L/-N/-S azul		-ES azules	

4.6 Este/ese/aquel

	masculino	femenino
singular	ESTE ESE AQUEL	ESTA ESA AQUELLA

	masculino	femenino
plural	ESTOS ESOS AQUELLOS	ESTAS ESAS AQUELLAS

4.7. Pesos y medidas

(1)	UN...
1 Kg.	Un kilo
1 l.	Un litro
1 m.	Un metro

(1/2)	MEDIO... ~~UN MEDIO...~~
1/2 Kg.	medio kilo
1/2 l.	medio litro
1/2 m.	medio metro

(1/4) UN CUARTO DE...
1/4 Kg. Un cuarto de kilo

(3/4) TRES CUARTOS DE...
3/4 l. tres cuartos de litro

gr. = gramos cm. = centímetros Km. = kilómetros

4.8. Números

1 uno/una
2 dos
3 tres
4 cuatro
5 cinco
6 seis
7 siete
8 ocho
9 nueve
10 diez
11 once
12 doce
13 trece
14 catorce
15 quince
16 dieciséis
17 diecisiete
18 dieciocho
19 diecinueve
20 veinte
21 veintiuno/a
22 veintidós
30 treinta
40 cuarenta
50 cincuenta
60 sesenta
70 setenta
80 ochenta
90 noventa
100 cien
200 doscientos/as
300 trescientos/as
400 cuatrocientos/as
500 quinientos/as
600 seiscientos/as
700 setecientos/as
800 ochocientos/as
900 novecientos/as
1.000 mil
2.000 dos mil
10.000 diez mil
100.000 cien mil

(100) → cien 2.100 = dos mil cien; 11.100 = once mil cien
→ ciento/cientos/cientas: 6.115 = seis mil ciento quince
132 = ciento treinta y dos
147 = ciento cuarenta y siete
346 ptas. = trescientas cuarenta y seis pesetas
532 Kms. = quinientos treinta y dos Kilómetros

(Y) 8.752 ptas. = ocho mil setecientas cincuenta y dos pesetas
15.974 m. = quince mil novecientos setenta y cuatro metros

5. Dale que dale

5.1.

Estás en una tienda con un amigo.

● tu amigo
○ tú

● ¿Te gustan estos pantalones?
○ No, son muy anchos. Los quiero más estrechos.

1. ● ¿Te gusta esta blusa?
   ○ No, es muy cara. __________
2. ● ¿Te gusta esta falda?
   ○ No, es muy larga. __________
3. ● ¿Qué te parece este reloj?
   ○ No me gusta. Es muy pequeño. __________
4. ● ¿Qué te parece este traje?
   ○ No me gusta. Es de lana. __________
5. ● ¿Qué te parece esta chaqueta?
   ○ Es muy corta. __________
6. ● ¿Qué te parecen estas botas?
   ○ No me gustan. Son muy altas. __________
7. ● ¿Te gusta esta maleta?
   ○ No, es demasiado grande. __________

5.2.

Completa con muy/mucho/más:

1. Toledo me gusta ______
2. Esta novela es ____ interesante.
3. Tienes un piso ____ grande.
4. Este chocolate es ____ bueno.
5. No me gusta _____ este barrio.
6. Las dos son muy bonitas, pero ésta es ____ cara.
7. La camisa verde es _____ bonita que la roja.
8. Esta falda es _____ corta. La quiero _____ larga.

5.3.

¿Qué vas a comprar?

un paquete de	atún
un litro de	pan
100 gramos de	jamón
una botella de	mantequilla
una lata de	leche
una barra de	tomates
una docena de	huevos
un kilo de	vino

5.4.

Contesta a tu compañero, según tus propias opiniones, utilizando: A mí sí. A mí no. A mí también. A mí tampoco.

● tu compañero
○ tú hablando de ti mismo

1. ● Me gusta el flamenco.
   ○ ____________________
2. ● No me gusta Dalí.
   ○ ____________________
3. ● Me gustan las películas de Saura.
   ○ ____________________
4. ● Me gusta tomar el sol.
   ○ ____________________
5. ● No me gusta el jazz.
   ○ ____________________
6. ● España no me gusta.
   ○ ____________________
7. ● No me gusta el horario español.
   ○ ____________________
8. ● Me gusta Falla.
   ○ ____________________
9. ● No me gusta viajar en tren.
   ○ ____________________
10. ● Me gusta la tortilla de patatas.
   ○ ____________________

5.5.

Esta	discos	es	bastante
Estos	vino	me parecen	de oro
La	botas	me gustan	llena
Las	reloj	es	nada
Este	casa	no me gusta	muy moderna
El	botella	está	caras

5.6.

Completa las palabras si es necesario:

1. Est ___ pantalones roj ___ no me gustan nada. Prefiero aquellos gris ___
2. Quería un ___ americana marrón ___, no muy car ___
3. Est ___ sellos cuestan doscient ___ pesetas y el sobre, treinta.
4. No me gustan nada l ___ zapatos blanc ___ , l ___ prefiero oscur ___
5. Est ___ chico me parece muy simpátic ___
6. No quiero comprar un ___ gafas de sol.
7. En esta tienda hay cosas muy barat ___
8. Tengo un ___ discos muy buen ___
9. ¿Te gusta aquel ___ bolsa del escaparate?
10. Angel me parece muy simpátic ___ y muy modern ___. Jorge también es muy simpátic ___ y muy interesant ___

5.7.

Completa con gusta, gustan, parece, parecen:

1. ● Este periódico me ___________ muy aburrido.
   ○ Pues a mí me ___________ bastante.
2. ● ¿Qué te ___________ estos pantalones?
   ○ No sé... Los pantalones cortos no me ___________ nada.
3. ● ¿No tiene otra maleta más grande? Esta me ___________ demasiado pequeña.
4. ● ¡Qué vino tan bueno!
   ○ Pues a mí no me ___________ mucho. Me ___________ muy fuerte.

5.8.

Lee en voz alta estas cantidades:

1.300 Km.
52 Kg.
1/4 Kg.
515 personas
777 m.

250 ptas.
473 gr.
1/2 Km.
3.869 ptas.
1.987 ptas.

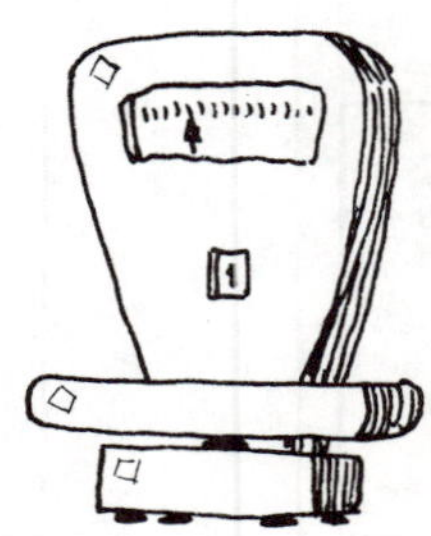

6. Todo oídos

Unidad 3

6.1.

Escucha y marca el número que corresponde a la imagen:

número: ____ número: ____ número: ____ número: ____

6.2.

Escucha, toma notas y responde a las siguientes preguntas:

1. ¿Qué quiere comprar? ______________________

2. ¿Compra o no compra? ______________________

3. ¿Cómo quiere los pantalones? ______________________

7. Tal cual

¿Cuál prefieres? ______________________

¿Por qué? ______________________

____

8. Allá tú

PLANCHAS WINDSURF 130.000
OFERTAS
BARCAS HINCHABLES
¡MODA JOVEN!
DES
ALMACENES
VIDEOCASSETTES 10.000 PTS.
TELEVISORES COLOR 300.000
25 PT.
BODEGA
OFERTA VINO RIOJA

9. Somos así... ¡qué le vamos a hacer!

ADIVINA, ADIVINANZA
Dos monedas españolas
suman treinta pesetas
y una no es un duro.
¿Cómo puede ser?

○ Buenas, ¿tienen naranjas?
● Muy buenas.
○ Muy buenas, ¿tienen naranjas?

CANCION TONTA
Mamá.
Yo quiero ser de plata.
Hijo,
tendrás mucho frío.
Mamá.
Yo quiero ser de agua.
Hijo,
tendrás mucho frío.
Mamá.
Bórdame en tu almohada.
¡Eso sí!
¡Ahora mismo!
F. GARCÍA LORCA

4

¿QUIÉN ES AQUÉL DEL BIGOTE?

1. ¿Qué me cuentas?

1.1. En la fiesta de cumpleaños de Ángela.

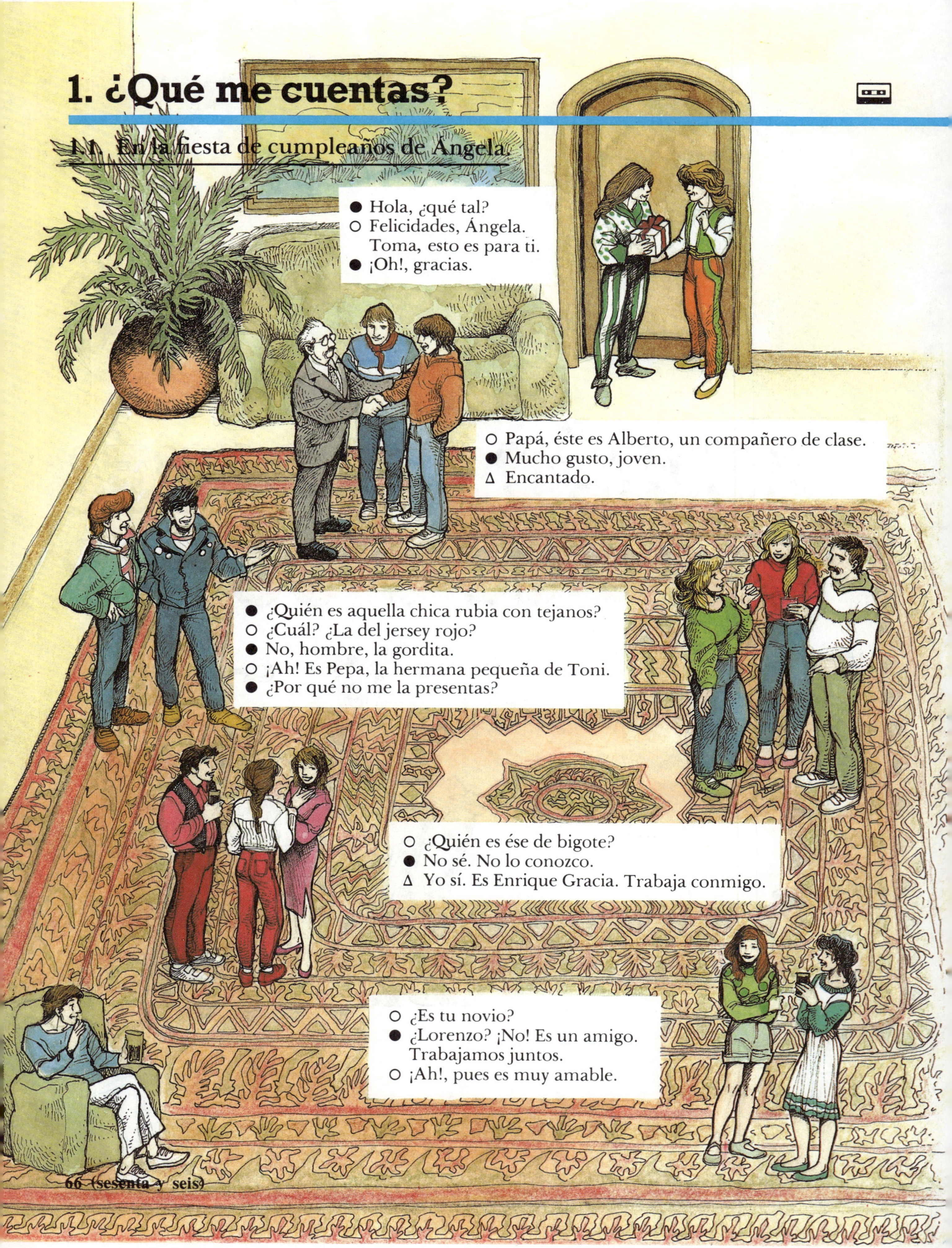

● Hola, ¿qué tal?
○ Felicidades, Ángela. Toma, esto es para ti.
● ¡Oh!, gracias.

○ Papá, éste es Alberto, un compañero de clase.
● Mucho gusto, joven.
Δ Encantado.

● ¿Quién es aquella chica rubia con tejanos?
○ ¿Cuál? ¿La del jersey rojo?
● No, hombre, la gordita.
○ ¡Ah! Es Pepa, la hermana pequeña de Toni.
● ¿Por qué no me la presentas?

○ ¿Quién es ése de bigote?
● No sé. No lo conozco.
Δ Yo sí. Es Enrique Gracia. Trabaja conmigo.

○ ¿Es tu novio?
● ¿Lorenzo? ¡No! Es un amigo. Trabajamos juntos.
○ ¡Ah!, pues es muy amable.

1.2. Monika está en la cola de un cine con un amigo y llega Yasser.

□ Monika
● Paco
■ Yasser

□ ¡Eh! ¡Yasser!
■ Hola Monika, ¿qué tal?
□ Bien. Mira, éste es Yasser, un amigo mío. Éste es Paco.
● Hola, ¿qué tal?
■ Hola.
□ Paco es mi vecino. Vive en el tercero.
● ¿Y vosotros de qué os conocéis?
□ Estudiamos español juntos.
■ ¿Y tú qué haces?
● Tercero de Arquitectura.
■ ¡Ah!, ¿sí...? Un amigo mío libanés también estudia eso.
● ¿Uno moreno, bajito, con gafas y muy tímido...?
■ No, no. Tiene el pelo rizado y es moreno pero no lleva gafas y no es nada tímido. Es muy simpático. Se llama Said.
● ¿Said Taha? Sí, hombre, sí, lo conozco mucho. Es muy majo.

1.3. En el andén

● ¿Conoces a aquel señor?
○ ¿Aquél que lleva gafas?
● No, aquél que lleva barba.
○ Ah, sí. Es el padre de Matilde.

○ Voy un momento a llamar por teléfono.
● Hasta luego.

● ¿No conoces al Sr. Camino?. Es el guía.
○ Hola, mucho gusto.

● Adiós, hasta pronto.
○ Adiós, buen viaje.

○ Hola, ¿qué tal?
● Muy bien ¿y tú?

○ ¿Y cómo está la familia?
● Todos muy bien, gracias.

2. Se dice así

2.1. Presentación de otras personas.

Formal
- ● Mire/a éste/a es
- ● Mire, le presento a

Informal
- ● Mira, éste/a es
- ● ¿No conoces a ___?

→ **+ 2.6. identificación de personas**

- ○ Encantado.
- ▲ Mucho gusto.

- ○ Hola (¿qué tal?)
- ▲ Hola.

2.2. Convenciones y fórmulas sociales

Saludos

Formal
- ● (Buenos días), ¿cómo está usted?
- ○ (Muy) bien, gracias. ¿Y usted?

Informal:
- ● Hola, ¿qué tal?
- ○ (Muy) bien, ¿y tú?

Despedidas

- ● Adiós.
- ○ Adiós.

- ● Adiós.
- ○ Hasta → luego / pronto / la vista / el → lunes, martes... (día) 15...

- ● Adiós. Saludos a → tu marido / la Sra. Pilar / Carmen / ...

Interesarse por otras personas

- ● ¿Cómo está → tu marido / la Sra. Pilar / Carmen / ... ?
- ○ Muy bien, gracias.

2.3. Hablar de otros

● Es

joven	un/a	niño/a
mayor	un/a	chico/a
viejo	un/a	señor/a

gordo/delgado
alto/bajo
rubio/moreno
calvo
...

simpático / antipático
amable
majo
inteligente
alegre/serio
educado/maleducado

- Tiene
  - X años
  - el pelo largo/corto
    los ojos azules, marrones...

- Lleva
  - chaqueta gris, marrón...
    pantalones azules, verdes...
    ...
    barba/bigote
    reloj
    pelo largo/corto
    ...

2.4. Identificación de alguien en un grupo

- ¿Quién es
  - + **2.5. descripción de personas** → + **2.6. identificación de personas**
  - + **2.6. identificación de personas** → + **2.5. descripción de personas**

  ?
- Es

2.5. Descripción de personas

aquél/el de →
pelo rizado/liso/largo...
ojos negros/verdes...
...

aquél/el de, aquél/el que lleva →
gafas
barba/bigote
pantalones grises...
chaqueta azul...
...

aquél/el →
alto/bajo
moreno/rubio
gordo/delgado
...

2.6. Identificación de personas

el señor Martínez
Martínez
el señor Antonio
Don Antonio
Antonio
un amigo mío
el guía
mi padre
el padre de Carmen

3. Y ahora tú

3.1.

Esta mañana han robado en el banco de debajo de tu casa. Tú has visto a estas cuatro personas. Descríbelas.

○ Policía
● Tú

○ ¿Cómo es?
● ______________________
____
____
...

3.2.

Pon los saludos y las despedidas:

○ ______________________

○ ______________________
● ______________________

○ ______________________

○ ______________________

3.3.

Habla con tu compañero.

● Tú
○ Tu compañero

Pilar González
Sevilla
25 años
enfermera
morena
pelo largo
delgada
baja

● Ésta es Pilar González.
○ ¿De dónde es? / ¿Es de Madrid?
● Es de Sevilla. / No, es de Sevilla.
○ ¿Cuántos años tiene?
● 25
○ ¿Qué hace?
● Es enfermera.
○ ¿Cómo es?
● Es delgada, baja...
○ ¿Y el pelo?
● Lo lleva largo y es morena.

Y ahora tú:

Luis Pals
Barcelona
17 años
cantante
rubio
pelo largo
alto
simpático

Curro Duarte
Córdoba
30 años
torero
moreno
pelo corto
muy alto
valiente

Matilde Cruz
Buenos Aires
22 años
azafata
morena
pelo corto
alta
amable

José Cabrera
La Habana
35 años.
mecánico
pelo rizado
bajo
gordo
despistado

3.4.

Preséntale tu familia a este amigo:

● Mira, [éste es ______________________
te presento ______________________

○ ______________________________________

▲ ______________________________________

...

Presentas al director de otra empresa a tus compañeros de trabajo.

● Mire, le presento a ____________________

○ ____________________

▲ ____________________

3.5.

En una fiesta en casa de un amigo tuyo. Tú sólo conoces a tu amigo.

○ tú
● tu amigo

○ ¿ ____________________

● La novia de Ernesto.

○ ¿ ____________________ ?

● Mi jefe.

○ ¿ ____________________ ?

● Es José Robles, un compañero de trabajo.

○ ¿ ____________________ ?

● ¿Aquella rubia? Es la mujer de José.

○ ¿ ____________________ ?

● ¿El de la barba?

○ . ____________________

● Es Fermín, el hermano de Sonia.

○ ¿ ____________________ ?

● ¿Mi novia? Es la morena del pelo rizado.

4. ¡Ojo!

4.1.

MI ________ UN____MÍO

● Mira, éste es mi amigo.

● Mira, éste es un amigo mío.

Mi amigo amiga		Un amigo mío Una amiga mía
Mis vecinos Mis vecinas		Unos vecinos míos Unas vecinas mías

Éste es un amigo = Éste es un amigo mío

TU	TUYO TUYA
TUS	TUYOS TUYAS

SU	SUYO SUYA
SUS	SUYOS SUYAS

● ¿Quién es?
○ Es su hermano.
● ¿?
○ El hermano de Carmen.

4.2.

Hasta →
- luego ....*(hoy)*
- pronto
- la vista ....*(no hoy)*
- mañana
- **el** día 15
- **el** miércoles
- la/esta noche/tarde

4.3.

Aquél que → El de

lleva barba → (la) barba

Llevar ≠ Tener

● ¿Lleva reloj?
○ Sí.
□ No.
▲ Yo sí, mire.

● ¿Tiene reloj?
○ Sí, en casa tengo tres.

4.4.

● Toma, esto es para ti.

● Tome, esto es para usted.

 ← ESTO → 

4.5. Muy, bastante, nada

Es muy simpático 

Es bastante simpático 

~~Es un poco simpático~~

No es muy simpático 

No es nada simpático 

Es muy gordo 

Es bastante gordo 

Es un poco gordo 

No es muy gordo 

No es nada gordo 

4.6. Conocer

¿No conoces **A**
- Mari
- Toño
- Pepe
- el señor Carlos
- mis abuelos
- ...

?

PERO:

¿Conoces
- Barcelona
- el museo del Prado
- el barrio de la Santa Cruz
- Asturias
- ...

?

4.7.

(el) señor
(la) señora
(la) señorita
- *Nombre*
- *Apellido*
- *Nombre y apellido*

Don
Doña
- *Nombre*
- *Nombre y apellido*

~~Don Martínez~~

4.8.

Días de la semana:
lunes, martes, miércoles, jueves, viernes, sábado y domingo.

5. Dale que dale

5.1.

Completa siguiendo el modelo:

● ¿Quién es aquella chica?

○ No lo sé. No la conozco

1. ● . ¿Aquellos dos son novios o están casados?

   ○ No lo sé. ______

2. ● ¿Quién es? ¿La madre de Juana?

   ○ No lo sé. ______

3. ● ¿Están aquí los hijos del señor Mercader?

   ○ ______ ______

4. ● ¿Aquélla es Alicia Vallés?

   ○ ______ ______

5. ● ¿Dónde están Dolores y su marido?

   ○ ______ ______

6. ● ¿Están aquí Margarita y su hermana?

   ○ ______ ______

7. ● ¿Aquél de la derecha es Gabriel García?

   ○ ______ ______

8. ● ¿Aquellas chicas y ese chico son los vecinos de Juan?

   ○ ______ ______

9. ● ¿Quién es aquella morena?

   ○ ______ ______

10. ● ¿Es ése el abuelo de Ricardo?

    ○ ______ ______

5.2.

TÚ ¿No conoces a Javier? USTED ¿No conoce a Javier?

1. ¿Aquel señor es tu padre? ______
2. ¿Dónde están tus hijos? ______
3. ¿Alfredo es amigo tuyo? ______
4. ¿Cómo? ¿Sole es tu novia? ______
5. ¿Son éstas tus vecinas? ______

5.3.

Completa con una sola palabra:

● ¿Conoces a aquella chica?

○ Sí, es una amiga mía

1. ● ¿Quién es ______ señor?

   ○ Es ______ amigo ______

2. ● Oye, ¿aquel niño es ______ hijo?

   ○ No, es ______ amigo de ______ hijo.

3. ● Mi vecina es muy amable.

   ○ No ______ conozco.

   ● Sí, es ______ de la falda azul.

4. ● ¿ ______ señora es ______ abuela?

   ○ Sí, es ______ abuela.

5. ● ¿Aquél ______ pelo largo es el novio de Marisa?

   ○ No, es ______ hermano ______

5.4.

Buenos días, señor Martín.

1. Hola, ______ Luisa. ¿Qué tal está usted?
2. Adiós, ______ Olmo. Hasta mañana.
3. Buenas tardes, ______ Luis.
4. Hasta la vista, ______ Montserrat.
5. Hasta luego, ______ Cano.

Mire, éste es el señor Robles.

1. Le presento a ______ Isabel Duarte.
2. ¿Es usted ______ Ricardo Nin?
3. Perdone, ¿ ______ Carmen Tejada vive aquí?
4. Buenos días, este periódico es para ______ Miguel Llobera.
5. Esta carta es para ______ Terencio Simón.

5.5.

Completa con (el) señor, (la) señora, (la) señorita, don o doña:

1. Buenos días, ______ Martín. ¿Cómo está usted?
2. ¡ ______ Antonia! ¡Teléfono!
3. Por favor, ______ Carmen, llame a su novio.

4. Mire, le presento a ________ Agustín Carpentier. ________ Carpentier éste es ________ Ramos.

5. Éste es ____________ Moreno y ésta su ______________

6. Adiós, __________ Siguán. Saludos a su marido.

7. ¿Quién es aquél? ¿ ____________ Antonio Saguer?

8. Hay una carta para ________________ Montserrat Caralt.

9. ¿Dónde está ________________ Enriqueta Molina? ¿En su despacho?

10. Mire, ésta es la hija de _______________ José Bastida, __________________ Teresa Bastida.

5.6.

Pregunta y responde con aquél/aquélla el/la + de

1. ● ¿Quién es Emilio?

○ ____________________________________

2. ● ¿Conoces a Julián?

○ Sí, es ____________________________

3. ● ¿ _______ falda es Mariel?

○ _____________ Mariel es ________________

4. ● ¿ ________________ paraguas es Mercedes?

○ ____________________________________

5. ● ¿Quién es _______________ corbata?

○ ____________________________________

6. ● ¿ _______________ pelo corto es Mariel?

○ No. Mariel es ___________________________

7. ● ¿ ________________ traje es Julián?

○ No, Julián es ___________________________

6. Todo oídos

6.1.

Escucha y toma notas:
Dos amigos están hablando de una tercera persona.

Nombre ______________________________

Nacionalidad ______________________________

Edad ______________________________

Aspecto físico ______________________________

Profesión ______________________________

6.2.

Escucha y escribe el nombre de los miembros de la familia de Juan:

Juan habla con Pablo de su familia.

1. ______________________________
2. ______________________________
3. ______________________________
4. ______________________________
5. ______________________________
6. ______________________________
7. ______________________________
8. ______________________________

7. Tal cual

36 Relaciones

● Funcionaria de cuarenta y ocho años, soltera, desea relacionarse (con fines serios) con compañeros solteros o viudos, con predilección por la música, teatro, cine, etc., de Madrid o alrededores. María E. Rodríguez. Marcenado, 42, 3.º C. Madrid-2.

● Maestra funcionaria, treinta y cuatro años, soltera, formal, desea entablar amistad con compañeros de su edad. Escribir apartado 2.087. Zaragoza.

● Soltero, funcionario, treinta y cuatro años, desea relacionarse con compañeras de Madrid o alrededores. Telf. 245 22 12. Domingo.

● Profesor de EGB, soltero, de cuarenta años, desea relacionarse con profesora de EGB o funcionaria soltera de treinta y ocho años como máximo. Telf (988) 81 72 67. Preguntar por Gallego en horas de clase. Mejor residentes en Castilla-León.

Manuel Vicente Tomás, de veintinueve años de edad, casado, con una hija, con domicilio en la calle del Rosal, donde también viven sus padres y cuatro hermanos. La casa está muy cerca de la estación del Metro.

También en Alcover; a 15 kilómetros de Tarragona, hay un niño con desarrollo extraordinario. Es hijo de doña Teresa Ferré Trenchs y don Primitivo Méndez. Ambos jóvenes y de aventajada estatura. El niño se llama Miguel Angel. Tiene un hermanito de siete años. Miguel Angel nació el 14 de marzo de 1981; acaba de cumplir, por tanto, dos años. No hay quien le gane a vivaz y simpático.

19 CONTACTOS

Deseo encontrar amistad sana y desinteresada con chicas para salir. Chico 22 años. Apdo. 22046 Barcelona.

Grupo amigos amigas de 25 a 35 años desearía ampliarse. Interesados escribir al apartado 9374 Barcelona.

Somos dos chicas dinámicas y universitarias, nos gustaría conocer chicos normales pero no corrientes. (Aprox. 30 años). Ref. 282-1.

20.206 MUY FORMALES

Viudo de setenta y seis años, de 1,65, 65 kilos, con hijos casados e independientes, que vive solo en su casa, quisiera encontrar una señora de sesenta y cinco años en adelante que le guste el hogar, sea cariñosa y quiera vivir en Cataluña.

20.194 AMISTADES

Viuda honesta y afable de sesenta y cinco años, bien conservada, de 1,57, 58 kilos, físico agradable, cariñosa, limpia y ordenada, humana y algo romántica. De momento brinda amistad.

Soltero 20 años de físico y trato agradable, desea conocer chica de 25 a 30 años de iguales características, indicar. Tel. máxima discreción. Apdo. Correos 5200. Barcelona.

Estoy separada. 34 años, funcionaria y deseo relación fines serios, persona con inquietudes que acepte niños. Apartado 35097.

Soltero 33 años deseo conocer señorita culta y muy formal. Apartado 7059. Soy formal, te contestaré.

NOMBRE ....

DOMICILIO ....

TEL .... POBLACION ....

TEXTO A PUBLICAR EN EL APARTADO NUMERO

1.º

2.º

3.º

Adjuntar talón o giro postal a nombre de GUIA DEL OCIO.

8. Allá tú

9. Somos así... ¡qué le vamos a hacer!

¿A quién pertenece cada descripción?

(1) Lleva barba y bigote. Tiene la boca pequeña, la frente ancha y el pelo corto, negro y rizado. Se dedica a la política. Es cubano.

(2) Está bastante gorda. Tiene el pelo corto y es morena. Tiene la nariz recta y la frente ancha. Es cantante de ópera.

(3) Lleva el pelo corto y es moreno. Tiene la boca grande y la nariz recta y larga. Es delgado y baila muy bien.

(4) Es un chico joven. Tiene el pelo negro, largo y muy rizado; los labios gruesos y la boca grande. No es muy alto. Es un deportista argentino.

(5) Es alto y gordo. Tiene la cabeza grande y la frente ancha. Es escritor y miembro de la Real Academia Española de la Lengua.

(6) Lleva barba y tiene el pelo gris, los ojos pequeños y la nariz un poco grande. Es actor y trabaja mucho en el cine.

Número	Letra	Nombre
1.	______	______________________
2.	______	______________________
3.	______	______________________
4.	______	______________________
5.	______	______________________
6.	______	______________________

CAMILO JOSÉ CELA
DIEGO MARADONA
FIDEL CASTRO
FERNANDO REY
ANTONIO GADES
MONTSERRAT CABALLÉ

JEROGLÍFICO

Tú eres rubio y tu mujer morena.
¿Son rubias tus hijas?

LA
SI

5

¿QUÉ TAL TE HA IDO?

1. ¿Qué me cuentas?

1.1. Otra vez es lunes.

○ ¿Qué tal el fin de semana?
● Muy bien. He estado en el campo, en casa de unos amigos. ¿Y tú?
○ Normal.

○ ¿Y tú qué has hecho?
● Nada. Me he quedado en casa todo el fin de semana.

○ Mire, mañana no puedo venir porque voy a ir al médico.
● ¿Qué le pasa?
○ Que me encuentro mal.

○ El sábado por la tarde fui al cine y el domingo me quedé en casa.
● Pues yo el sábado estuve en la playa.

○ ¿Qué haces esta noche?
● Salgo con una amiga.

○ El próximo fin de semana vamos de excursión.
● ¡Qué suerte! Yo tengo mucho trabajo y no puedo salir.

1.2. No se encuentra bien.

○ ¿Bebe vino en las comidas?
● Sí, un poco... dos o tres vasos.
○ ¿Y fuma?
● Sí, un paquete y medio.

● ¿Qué le pasa?
○ Me duelen las piernas, los brazos, los riñones,... Vamos, que me duele todo.

1.3. Yasser tiene problemas.

- □ ¿Qué te pasa? ¿Estás de mal humor?
- ■ Es que esta mañana he perdido el pasaporte.
- □ ¿Sí? ¿Y qué vas a hacer? ¿Vas a ir a la policía?
- ■ Ya he ido. He estado tres horas y no he arreglado nada.
- □ Pero, ¿por qué?
- ■ Pues mira, desde las 10 hasta las 11,30 he hecho cola; después he hablado con un policía; luego, con otro...
- □ Claro...
- ■ Y después he rellenado unos papeles. Tengo que volver la semana que viene con un certificado del Consulado.
- □ ¡Qué lata! La burocracia es un rollo, ¿verdad?
- ■ Sí, sí; además no han sido muy simpáticos conmigo... Bueno, ¿y tú, qué?
- □ ¡Ah! Pues yo muy bien. Ha sido un día muy tranquilo.
- ■ ¡Qué suerte, hija!

1.4. Todo el día fuera de casa.

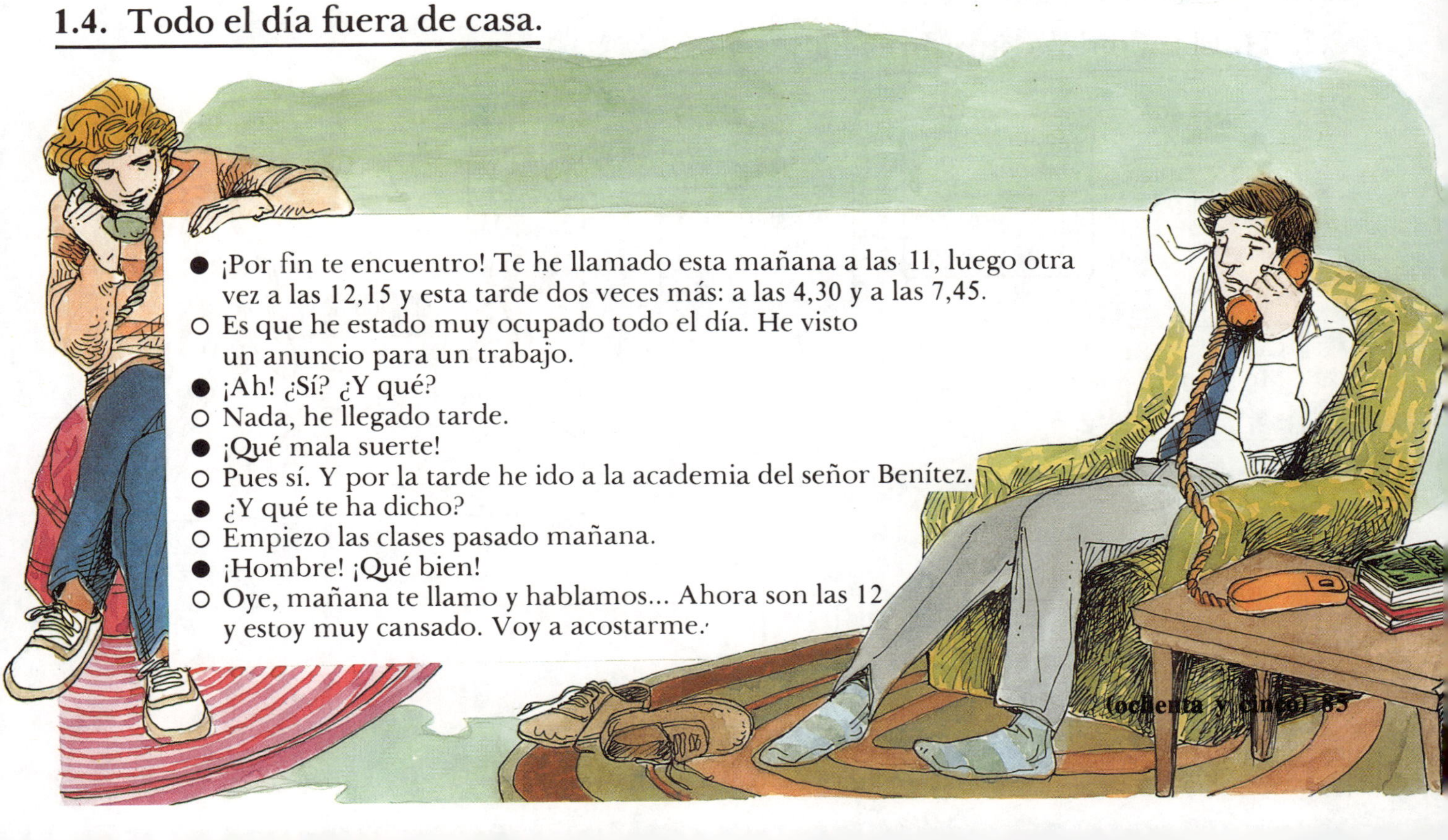

- ● ¡Por fin te encuentro! Te he llamado esta mañana a las 11, luego otra vez a las 12,15 y esta tarde dos veces más: a las 4,30 y a las 7,45.
- ○ Es que he estado muy ocupado todo el día. He visto un anuncio para un trabajo.
- ● ¡Ah! ¿Sí? ¿Y qué?
- ○ Nada, he llegado tarde.
- ● ¡Qué mala suerte!
- ○ Pues sí. Y por la tarde he ido a la academia del señor Benítez.
- ● ¿Y qué te ha dicho?
- ○ Empiezo las clases pasado mañana.
- ● ¡Hombre! ¡Qué bien!
- ○ Oye, mañana te llamo y hablamos... Ahora son las 12 y estoy muy cansado. Voy a acostarme.

2. Se dice así

2.1. Hablando de acciones del pasado.

¿CUÁNDO?

○ ¿Has estado en Londres?

● Sí, he estado.
No, no he estado.

● Sí, estuve el año pasado.

∅ — Has / He — -ado / -ido

○ ¿Qué has hecho este fin de semana?

● He ido a la playa.
El sábado fui a la playa y el domingo, al cine.

hoy
este fin de semana
...

○ ¿A dónde fuiste el año pasado?

● Fui a Italia

ayer
el/la... pasado/-a
...

fui
estuve
me quedé

2.2. Hablando de costumbres habituales.

● ¿A qué hora / ¿Cuándo — te levantas / comes / vas a ... / haces → los ejercicios / deporte / ... — ?

○ Como / Me levanto / ... — a las ____________

● ¿Dónde ____________?
¿Cómo ____________?
¿Con quién ____________?
...

○ En ____________
Con ____________
...

2.3. Hablando de proyectos, decisiones y acciones futuras.

○ ¿Qué vas a hacer? ¿Qué haces?	+	mañana el/la... que viene ...	● Voy a salir. Salgo.

2.4. Compartiendo sentimientos.

Interés

● ¿Qué te pasa? / ¿Qué te ha pasado?

Sorpresa

● ¿Cómo? / ¡No me digas! / ¿Sí?

Alegría compartida

● ¡Qué bien! / ¡Qué suerte!

Tristeza compartida

● ¡Qué mala suerte! / ¡Qué lata!

3. Y ahora tú

3.1.

Habla con tu compañero:

○ tu compañero
● tú hablando de ti mismo

○ ¿Has comido en casa?
● Sí.
No, he comido en el restaurante.

1. ○ ¿Has venido en taxi?
   ● ______
2. ○ ¿Has jugado al tenis esta mañana?
   ● ______
3. ○ ¿Has desayunado en casa hoy?
   ● ______
4. ○ ¿Has ido al cine este fin de semana?
   ● ______
5. ○ ¿Has tomado café?
   ● ______
6. ○ ¿Te has levantado pronto hoy?
   ● ______
7. ○ ¿Has estado en Italia de vacaciones?
   ● ______
8. ○ ¿Has dormido en tu casa esta noche?
   ● ______
9. ○ ¿Te has quedado en casa esta mañana?
   ● ______
10. ○ ¿Has ido de compras esta semana?
    ● ______

3.2.

Habla con tu compañero sobre los planes que cada uno tiene para esta tarde, esta noche, mañana y el fin de semana que viene:

● tu compañero
○ tú hablando de ti mismo

● ¿Qué haces esta noche ?
○ Voy a un concierto.

3.3.

Explícale a tu compañero lo que haces habitualmente:

○ tú hablando de ti mismo

● ¿Qué haces normalmente?
○ Pues, por la mañana...

levantarse
desayunar
ducharse
salir de casa
ir a ...
ir en ...
...
...
volver a casa
acostarse

3.4.

Habla con tu compañero de lo que ha hecho hoy Juanjo:

○ tú
● tu compañero

○ ¿Ha ido al trabajo en metro?
● No, ha ido en autobús.

1. levantarse a las 9 h.
2. quedarse en casa por la mañana
3. ir de compras
4. escuchar la radio al mediodía
5. comer con unos amigos
6. volver a casa a las 5 h.
7. ir a la playa
8. ver un rato la tele
9. hacer la cena
10. acostarse pronto

3.5.

Relaciona:

● 1. No puedo salir contigo esta noche. →	○ ¡Qué suerte!
2. Mañana voy otra vez a la policía.	¡Qué mala suerte!
3. Me he encontrado un billete de 5.000 pesetas por la calle.	¡Qué pena!
4. ¿Sabes? He visto a Pilar.	¿Qué te pasa?
5. Ayer estuve en un concierto muy bueno.	¡Qué rollo!
6. Estoy de mal humor.	¿Sí?
7. He perdido la cartera con el pasaporte.	¡Qué bien!

3.6.

Estás tomando unas copas con un amigo por la tarde.

● tu amigo
○ tú

● El año pasado estuviste en Londres, ¿verdad?
○ ______________________________
● Ah, en Roma. Pero has estado alguna vez en Inglaterra, ¿no?
○ ______________________________
● Pues yo voy a ir este verano. ¿Y tú?, ¿qué vas a hacer?
○ ______________________________
● ¿Con quién vas a ir?
○ ______________________________
● ¡Qué bien! Yo voy a ir solo.
○ ______________________________
● Sí, viajar solo es un rollo.
○ ¿ ______________________________ ?
● ¿Esta noche? Voy a ver la película de la tele. ¿Quieres venir a casa?
○ ¿ ______________________________ ?
● A las diez, más o menos.
○ ______________________________
● Hasta luego.

4. ¡Ojo!

4.1. Tiempos del pasado

Hoy
Este/a + mañana / tarde / semana / mes / año
Alguna vez
Nunca

→ HE / HAS / HA / HEMOS / HABÉIS / HAN … -ADO / -IDO

pretérito perfecto

-AR → -ADO
comprar → he comprado
-ER/-IR → -IDO
comer → he comido
oir → he oído

Esta semana he estado en Bilbao.

La semana pasada estuve en Madrid.

pretérito indefinido

Irregulares
ver: HE VISTO
decir: HE DICHO
hacer: HE HECHO
volver: HE VUELTO

Ayer
Anoche
El/la + semana / mes / año / verano / … pasado/a →

ESTAR	IR	QUEDARSE
ESTUVE	FUI	ME QUEDÉ
ESTUVISTE	FUISTE	TE QUEDASTE
ESTUVO	FUE	SE QUEDÓ
ESTUVIMOS	FUIMOS	NOS QUEDAMOS
ESTUVISTEIS	FUISTEIS	OS QUEDASTEIS
ESTUVIERON	FUERON	SE QUEDARON

4.2. Tiempos del futuro

Mañana
Este/a + verano / fin de semana / …
El/la – – – verano / fin de semana / … – → que viene

→ VOY A + infinitivo: voy a salir

→ presente: salgo

4.3. Preposiciones.

ESTAR + EN: He estado en casa de Julio.

IR + A: He ido a casa de Rosa.

QUEDARSE + EN: Me quedé en casa.

Pregunta:
¿**Dónde** has estado?
¿**A dónde** has ido?

4.4. Verbos reflexivos

	A	B
LEVANTARSE	Me levanto	Voy a levantarme
ACOSTARSE	Me he acostado	Quiero acostarme
QUEDARSE	1.º: Me 2.º: verbo	1.º: verbo 2.º: Me

4.5. Verbos irregulares en presente.

O → UE	UE	O
Dormir	duermo	
Acostarse	duermes	
Poder	duerme	
Volver		dormimos
		dormís
	duermen	

E → IE	IE	E
Querer	quiero	
	quieres	
	quiere	
		queremos
		queréis
	quieren	
Tener		tengo
Venir	tienes	
	tiene	
		tenemos
		tenéis
	tienen	

4.6. Indicadores de tiempo

Antes	Ahora	Después
Ayer	Hoy	Mañana
El/la ___ pasado/a	Este/a ___	El/la ___ que viene

semana
mes
año
verano
...

4.7. Partes del día.

La mañana	La tarde	La noche
Ayer por la mañana	Ayer por la tarde	Ayer por la noche / anoche
Esta mañana	Esta tarde	Esta noche
Mañana por la mañana	Mañana por la tarde	Mañana por la noche

4.8. Expresiones de la habitualidad

CADA + día / mañana / semana / mes / verano / ...

TODOS LOS + días / meses / años / lunes / veranos / ...

TODAS LAS + mañanas / tardes / semanas / ...

+ SIEMPRE
CASI SIEMPRE
NORMALMENTE
A VECES
CASI NUNCA
– NUNCA

4.9. La hora

● ¿Qué hora es?
○ (Son) las

● ¿A qué hora → comes / sales del trabajo / empieza el cine / ...
○ A las

¡OJO!  Es la una.

¡OJO! Las 7 de la tarde / Por la tarde.
● Te he llamado a las 9 de la mañana.
● Por la mañana no hay clase.

	3'00	las tres
 LAS... Y...	3'15	las tres y cuarto
	3'20	las tres y veinte
	3'30	las tres y media
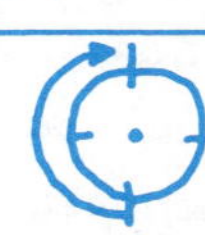 LAS... MENOS...	3'35	las cuatro menos veinticinco
	3'45	las cuatro menos cuarto

4.10. La fecha

1 / 2 / 3 / ... / 30 / 31 + DE + enero / febrero / marzo / abril / mayo / junio / julio / agosto / septiembre / octubre / noviembre / diciembre + de + 19...

Ø	Hoy es 12 de marzo.
El	El 15 de abril voy a París.

5. Dale que dale

5.1.

Completa con una sola palabra:

- ● ¿Qué has hecho ______ fin ____ semana?
- ○ ____ sábado ____ la tarde fui ____ cine y ____ ____ noche me quedé ____ casa. ¿Y tú?
- ● Yo ____ quedé ____ casa los dos días. ¿Qué vas ___ hacer esta tarde?
- ○ ___ ___ cinco y cuarto voy ____ ir al dentista y a ____ nueve ____ a cenar ____ casa _____ unos amigos.
- ● ¡ ____ bien!

- ● ¡Hola! ¿Qué ____ ?
- ○ ____ bien. Ayer ____ a la ópera y ______ mañana ___ ido de compras y ____ comido en un restaurante ____ bueno.

- ● ¿Qué hora ___ ?
- ○ ____ siete.
- ● ¿Y ____ ____ hora empieza la película?
- ○ ____ ____ siete y media.
- ● Me voy. Es muy ______

5.2.

Completa la postal:

Pon estos verbos:
voy a / gusta /
estuvimos /
es / hay /
fuimos /
he quedado

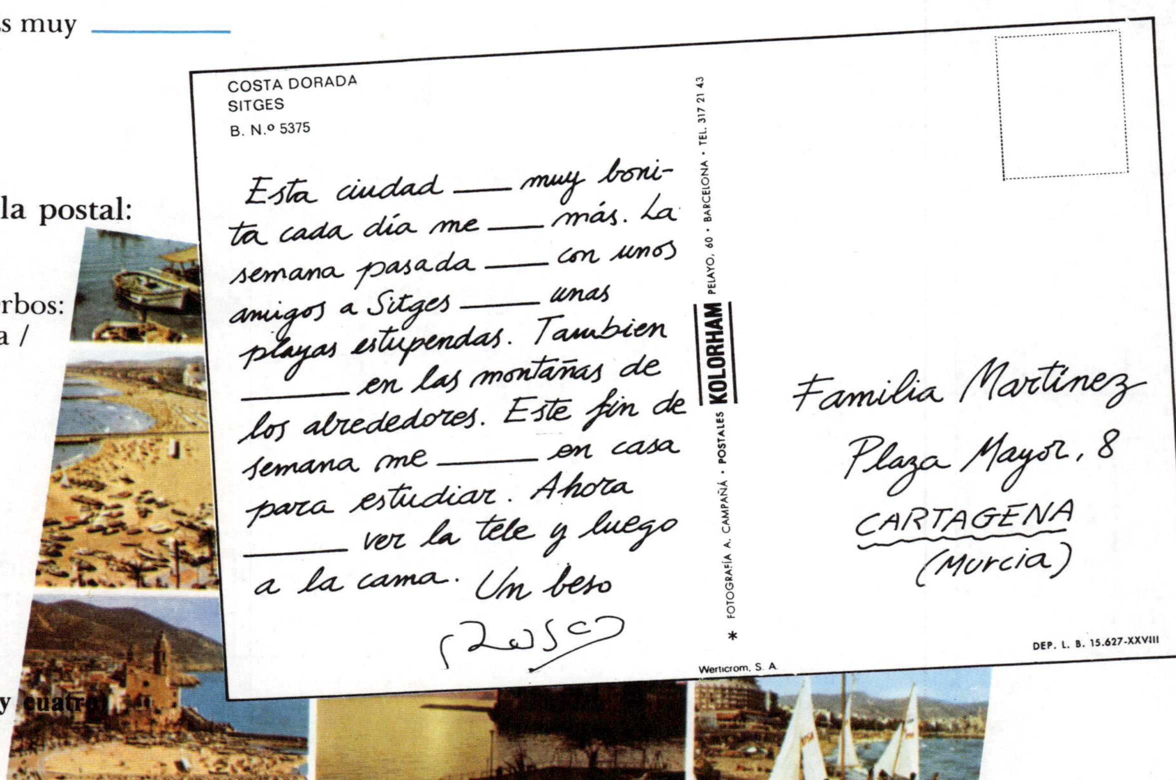
COSTA DORADA
SITGES
B. N.º 5375

Esta ciudad ___ muy bonita cada día me ___ más. La semana pasada ___ con unos amigos a Sitges ___ unas playas estupendas. Tambien ___ en las montañas de los alrededores. Este fin de semana me ___ en casa para estudiar. Ahora ___ ver la tele y luego a la cama. Un beso

Rosa

Familia Martinez
Plaza Mayor, 8
CARTAGENA
(Murcia)

FOTOGRAFÍA A. CAMPAÑÁ • POSTALES KOLORHAM PELAYO, 60 • BARCELONA • TEL. 317 21 43

Werticrom, S. A.

DEP. L. B. 15.627-XXVIII

5.3.

Pon los verbos en el tiempo pasado adecuado:

1. ● ¿Qué (HACER, tú) ________ esta mañana? Te (LLAMAR, yo) ________ tres veces.
   ○ (LEVANTARSE, yo) ________ muy pronto y (IR, yo) ________ a la oficina del Sr. Estrada.

2. ● (¿IR, tú) ________ a la fiesta de Laura el domingo?
   ○ No, (QUEDARSE, yo) ________ en casa todo el día.

3. ● ¿Sabes? El viernes por la noche (ESTAR, yo) ________ en casa de Miguel.
   ○ ¡Ah! ¿Sí? ¿Y qué tal?

4. ● El sábado por la mañana (IR, yo) ________ a la piscina y por la tarde (ESTAR, yo) ________ en casa de unos amigos. ¿Y tú? ¿Qué (HACER) ________ este fin de semana?
   ○ Nada, (ESTUDIAR, yo) ________ todo el fin de semana.

5. ● ¿(ESTAR, tú) ________ alguna vez en San Sebastián?
   ○ Sí, (ESTAR, yo) ________ el año pasado, en verano.

5.4.

Pon los verbos en la forma correcta:

1. ● ¿Verdad que el domingo pasado Ramón (QUEDARSE) ________ en casa?
2. ● La semana pasada (IR) ________ a Tarragona, ¿no? (vosotros)
3. ● Pues Ricardo siempre (LEVANTARSE) ________ a las ocho pero esta mañana (LEVANTARSE) ________ a las diez.
4. ● El jueves que viene Ricardo y yo (COMPRAR) ________ un regalo para Angel.
5. ● ¿(FUMAR) ________ usted normalmente?
   ○ Sí, cada día (FUMAR) ________ medio paquete.
6. ● Perdona, ¿qué hora (SER) ________ ?
   ○ (SER) ________ la una.

5.5.

Completa con se o le:

1. Pedro siempre _____ acuesta muy tarde. Hoy _____ ha levantado pronto porque va a ir al médico. Es que _____ duelen los riñones.
2. Paco _____ llama Francisco pero no _____ gusta.
3. Carlos y Roberto _____ quedan en casa esta noche.
4. Mis padres _____ levantan a las ocho de la mañana.
5. Doctor, al niño _____ duele la cabeza cuando _____ levanta.
6. ¿A qué hora _____ levanta tu marido?
7. A Magdalena no _____ gusta quedar _____ en casa los fines de semana.
8. Eduardo va a ir al dentista porque _____ duele una muela.
9. Perdone, ¿a qué hora va a acostar _____ usted esta noche?
10. A Jaime no _____ gusta quedar _____ en Barcelona.

5.6.

Pon en el orden correcto la siguiente conversación

○ Rosario
● Pedro

○ Te he llamado por teléfono esta tarde pero nadie me ha contestado.

○ Ah, sí... está muy bien. Yo también la he visto esta semana.

○ ¿Con Luis?, ¡qué bien! ¿Habéis visto algo bueno?

○ ¿Con quién?

○ Lo siento, estoy cansada y quiero acostarme temprano.

● Con Luis.

● Sí, E.T., es muy divertida.

● Es que hemos ido al cine a la primera sesión.

● ¿Salimos esta noche?

6. Todo oídos

6.1.

Escucha la conversación telefónica de Alfredo y Angela:

¿VERDAD O MENTIRA?

	V.	M.
1. Alfredo está enfermo.		
2. Angela ha dormido muy mal esta noche.		
3. El médico va a ir mañana.		
4. La fiesta de Magda fue muy divertida.		
5. Alfredo se ha quedado en casa todo el fin de semana.		
6. Alfredo va a ir a casa de Angela por la tarde.		

6.2.

Un detective informa sobre lo que ha hecho el Sr. Ayuso. Escucha y toma notas:

7. Tal cual

sábado 26

Primera cadena

10.15 Carta de ajuste. *Folklore europeo:* Labanda (España).

10.30 Apertura y presentación.

10.32 Pista libre. Se emite hoy en formato de revista e incluye reportajes sobre alimentación naturista, vegetarismo, macrobiótica. Drogas: dramatización con actores de una historia *tipo*, basada en una persona real, joven de diecisiete años, metida en el mundo de las anfetaminas desde los doce.

12.30 Concierto. *Burleska para piano,* de Ricardo Strauss, y *Sinfonía número 3 en la menor escocesa,* interpretadas por la Orquesta Filarmónica de Viena, dirigida por Christoph Dohnanyi.

13.30 Mirar un cuadro. *Historia de Nastagio degli Honesti,* de Botticelli. M. Vázquez Montalbán dice que ha elegido *Historia de Nastagio degli Honesti,* de Botticelli, por dos razones principalmente. La primera, porque "hay cierto desconocimiento del público del Museo del Prado sobre ciertos autores extranjeros, como puede ser Sandro Botticelli, y la segunda, porque la personalidad de su autor concentra en sí misma las contradicciones de la época renacentista que le tocó vivir".

14.00 Revista de toros.

14.30 Biblioteca Nacional. *En Oriente se encendió esta guerra* (II). Fernando Sánchez Dragó entrevista a Fernando Arrabal, Francisco Torres y Angel Berenguer.

15.00 Noticias.

15.35 D'Artacán. *D'Artacán y el Halcón Azul.*

16.05 Primera sesión. *Dallas, ciudad fronteriza,* de Stuart Heisler (1950) (90'). Con Gary Cooper, Ruth Roman, Steve Cochran y Raymond Massey. Terminada la guerra de Secesión, un ex oficial sudista, reclamado por la ley por haber formado en las filas de los guerrilleros de Quantrell, llega hasta Dallas siguiendo la pista de los tres hermanos Marlow, quienes, en su ausencia, asesinaron a su familia y expoliaron sus propiedades en Georgia.

17.40 Dibujos animados.

18.00 El loco mundo de los payasos.

18.30 La Pantera Rosa.

19.00 Usted, por ejemplo. *A la vez, deporte.*

20.00 Noticias.

20.30 Ciudades para vivir. *El medio urbano.* Segundo programa de una miniserie conmemorativa del Año Europeo del Renacimiento de la Ciudad.

22.30 Informe semanal. Dirección: Ramón Colom.

22.30 Sábado cine. *El motín del Caine,* de Edward Dmytryk (1954) (120'). Guión: Stanley Roberts, basado en la novela de Herman Wouk (Premio Pulitzer). Con Humphrey Bogart, José Ferrer, Van Johnson, Robert Francis y May Wynn. El destructor *Caine,* de la Marina norteamericana, es sorprendido en alta mar por un violento tifón, y su capitán, víctima de una crisis nerviosa, debe ser relevado del mando. Como consecuencia del incidente, los oficiales acusan a su superior de incapacidad para el mando, compareciendo todos ante un consejo de guerra.

0.40 Ultimas noticias.

0.45 Despedida y cierre.

Segunda cadena

15.15 Carta de ajuste. Enric Morera.

15.28 Apertura y presentación.

15.30 El espíritu de Asia. *Indonesia.* Serie dedicada al continente asiático desde el punto de vista de su arte, costumbres y civilización tanto antigua como moderna.

16.25 Dibujos animados. *Los osos mañosos.*

17.00 Retransmisión deportiva. Voleibol. Salesianos-Son Amar.

18.20 Las Brigadas del Tigre. *Visita de incógnito.* Después de siglos de enemistad, ha llegado la hora de la *entente cordiale* para Francia y el Reino Unido.

19.15 Producción española.

20.25 Estrenos TV. *Sin escapatoria,* de John Llewellyn Moxey (1981). Guión: Jimmy Sangster. Con Mariette Hartley, Kathleen Beller, Arlen Dean Snyder, Gary Graham, Keir Dullea, Sandy McPeak y Milton Selzer. Un hombre que oculta su rostro con un pasamontañas y unas gafas oscuras lleva tiempo persiguiendo a Amy Manning, una joven estudiante de Bellas Artes. Amy ha denunciado el caso a la policía en repetidas ocasiones, sin ser creída. Un médico —el doctor Letterman— interviene, a instancias de Adela, madrastra de Amy, ya que se sospecha que el misterioso perseguidor no existe y que todo son fantasías de la muchacha.

21.55 Teatro Real. Transmisión en directo desde el Teatro Real de Madrid. Se presentan las siguientes obras: E. Fernández Blanco: *Obertura dramática* (primera vez por la orquesta). R. Strauss: *Dueto concertino para clarinete y fagot* (primera vez por la orquesta). Solistas: José Vadillo (clarinete), Juan Antonio Enguídanos (fagot). M. Durufle: *Requiem* (primera vez por la orquesta). Solistas: Ifigenia Sánchez (soprano), José Granados (bajo). Coro de RTVE. Director: Enrique García Asensio.

24.00 Despedida y cierre.

1. ¿A qué hora empieza la tele los sábados? ____________________
2. ¿A qué hora hay noticias? ____________________
3. ¿Hay alguna película? ____________________
4. ¿Hay algún programa de arte? ____________________
5. ¿Qué programas musicales hay? ____________________
6. ¿A qué hora termina la tele? ____________________

Z
COLMADO
MENÚ
Z

9. Somos así... ¡qué le vamos a hacer!

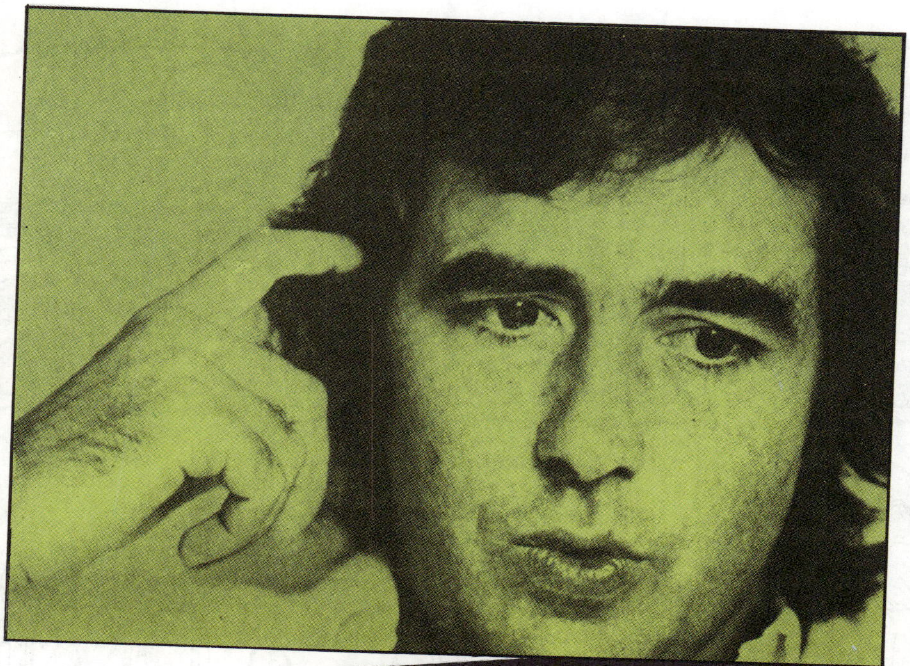

Llegó con tres heridas:
la del amor,
la de la muerte,
la de la vida.

Con tres heridas viene:
la de la vida,
la del amor,
la de la muerte.

Con tres heridas yo:
la de la vida,
la de la muerte,
la del amor.

(Miguel Hernández)

¿ Te suena:
el 2 de mayo de 1808
el 14 de abril de 1931
el 12 de octubre de 1492
El 20 de noviembre de 1975 ?

6

¿ME DEJAS EL PERIÓDICO, POR FAVOR?

1. ¿Qué me cuentas?

1.1. En el aeropuerto de Barajas.

1.2. Todos necesitan cosas.

1.3. En una conferencia.

1.4. Yasser, Monika y unos amigos en una tasca.

2. Se dice así

2.1. Pidiendo algo a otros:

Acciones

Formal

○ ¿Puede/s [cerrar / venir / ...] , por favor?

● Sí, (claro); [ahora mismo / un momento / ...]

● [Perdona/e / Lo siento] + pero es que + [tengo que... / estoy .... -ndo]

Informal

○ ¿ [Vienes / Cierras / ...] por favor?

○ [ven / cierra / ...] por favor

● Sí, ya [voy / cierro / ...]

● Mira, es que [tengo que... / estoy .... -ndo]

Objetos

Formal

○ ¿Puedo [usar / ver / ...] → tu/su/el [periódico / coche / ...] ?

○ ¿Me deja/s → tu/su/el [periódico / coche / ...] ?

● Sí, claro. (Tome/a)

● [Perdone/a / Lo siento] pero es que...

Informal

○ [¿Me dejas / Déjame] tu/el [periódico / coche / ...] ?

● Sí, (toma)

● Mira, es que...

~~¿Me dejas un cigarrillo?~~
~~¿Me dejas una aspirina?~~

¿Tienes [un cigarrillo / una aspirina] ?

2.2. Ofreciendo ayuda.

○ ¿Puedo ayudar [-te/os / -le/les] ?

● [Sí, [por favor. / gracias.] / No, gracias, [no hace falta. / ya está.]]

2.3. Permiso, posibilidad, obligación

Permiso

○ ¿Puedo... -ar/-er/-ir?

● [Sí, claro. / No, [es que... / tienes que...]]

Obligación → tienes que...

Posibilidad

○ ¿Se puede... -ar/-er/-ir?

● [Sí / No, [no se puede. / hay que...]]

Obligación → hay que...

2.4. Invitaciones

○ [¿Vienes? / ¿Quieres venir?]

● [[Sí, gracias. / Vale.] / No, gracias; no puedo.]

3. Y ahora tú

3.1.

Ofrece a tu compañero:

● ¿Un _caramelo de menta_ ?
¿Quieres un _caramelo de menta_ ?

○ Sí, gracias.
No, gracias. _los caramelos de menta no me gustan._

● tú
○ tu compañero

caramelo de fresa
de limón
de menta
de naranja

té
café
chocolate

cigarrillo rubio
negro

coñac
anís
ginebra
ron

bocadillo de tortilla
de jamón
de queso
de chorizo
de salchichas
de atún

vino blanco
rosado
tinto

pastel de chocolate
de nata

cerveza
zumo de naranja

3.2.

Pídele a tu compañero:

Dame / Déjame
¿Me das? / ¿Me dejas?

un cigarrillo
una cerveza
su chaqueta
el paraguas
1.000 pesetas
tu reloj
las gafas de sol
un caramelo
una hoja de papel
un vaso de agua
esos discos

3.3.

Habla con tu compañero:

● ¿Me dejas *el coche* ?

○ Mira, es que *está en el taller*.
Lo siento, es que *está en el taller*.

● tú
○ tu compañero

● ______________
○ ______________

● ______________
○ ______________

● ______________
○ ______________

● ______________
○ ______________

● ______________
○ ______________

3.4.

Habla con tu compañero.

● ¿ *Puedo pagar mañana* ?

○ Sí, *claro.*
No, *tiene que pagar hoy.*
es que mañana está cerrado.

● tú
○ tu compañero

- *pagar mañana.*
- *llamar por teléfono.*
- *hablar con el Sr. director*

- *llamarte esta noche a las once.*
- *mirar estas fotos.*
- *quedarme esta noche aquí.*
- *llevarme el periódico de hoy.*

3.5.

Invita a tu compañero a ir a:

comer a tu casa
el cine
la playa
jugar al tenis
bailar
pasear por El Retiro
ver la tele en tu casa

● ¿Quieres venir a mi casa?

○ Vale.
No, gracias, no puedo. Es que tengo trabajo.

Y ahora invitas a estas personas:

comer en un restaurante
de excursión
de compras
fiesta de cumpleaños
de tascas
Museo del Prado
tomar unas copas

3.6.

Explica el significado de estas señales. Utiliza las formas: se puede, no se puede, hay que.

1 

______

2  ______

3  ______

4  ______

5  ______

6  ______

7  ______

8  ______

9 

______

10  ______

11 

______

12  ______

13  ______

14  ______

15  ______

4. ¡Ojo!

4.1. Imperativo

-AR	-ER/-IR	
pasA	escribE	Tú
pasE	escribA	Usted

-AR	-ER/-IR
pasar	comer
dejar	coger
ayudar	subir
esperar	abrir
...	...

cerrar	probar	volver	traer	hacer	venir	salir	decir	
cierra	prueba	vuelve	trae	haz	ven	sal	di	Tú
cierre	pruebe	vuelva	traiga	haga	venga	salga	diga	Ud.

4.2.

Poder + Ø + girar / pasar / seguir recto / ...

Tener + que + girar / pasar / seguir recto / ...

4.3. Puedo/Se puede.

4.4.

Estar +
trabajando
comiendo
escribiendo

¡OJO!

leer	leyendo
ver	viendo
oír	oyendo
dormir	durmiendo

CADA DÍA LLAMA A SU NOVIA A LAS 8h.

AHORA SON LAS 8h.
Y... ESTÁ LLAMANDO A SU NOVIA

4.5.

Querer +

salir
ir al cine
quedarme en casa
...

un caramelo
una cerveza
un paquete de patatas
...

4.6.

¿Hago la cena ? → LA

LA puedes hacer
Puedes hacerLA

LA tienes que hacer
Tienes que hacerLA

LA quieres hacer
Quieres hacerLA

¡OJO!

Con imperativo

HazLA
CómeLA

¿Me deja pasar? Déjeme pasar.

¿Cierras la ventana ?

¿LA cierras?

Cierra la ventana.

CiérraLA

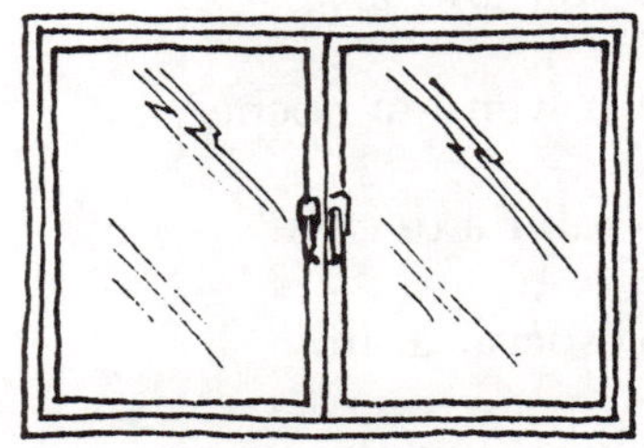

4.7.

¿Puedes ayudar ___?

ME	TE	LE
NOS	OS	LES

¿___dejas?

4.8.

5. Dale que dale

5.1.

Completa según el modelo:

¿Puedo pasar? Sí, pasa.

1. ¿Puedo venir mañana? Sí, pero ____ por la tarde.
2. ¿Puedo salir ahora? Sí, ____
3. ¿Puedo volver esta noche? No, ____ mañana.
4. ¿Puedo subir a tu casa? Sí, ____
5. ¿Puedo esperar aquí? Sí, ____

Repite el mismo ejercicio con usted:

¿Puedo pasar? Sí, pase.

5.2.

Completa según el modelo:

¿Puedo hacer la cena? Sí, hazla.

1. ¿Puedo hacer estos ejercicios? ____
2. ¿Puedo poner la radio? ____
3. ¿Puedo abrir las ventanas? ____
4. ¿Puedo quitar la tele? ____
5. ¿Puedo traer el pescado? ____
6. ¿Puedo dejar el abrigo aquí? ____
7. ¿Puedo decir una cosa? ____
8. ¿Puedo cerrar las puertas? ____
9. ¿Puedo coger los periódicos? ____
10. ¿Puedo hacer el café? ____

5.3.

Completa según el modelo:

¿Puedes abrir la ventana? ¿Abres la ventana? Abre la ventana.

1. ¿Puedes dejarme el diccionario?	______	______
2. ______	______	Ayúdame a hacer esto.
3. ______	¿Me dejas pasar, por favor?	______
4. ¿Puedes cerrar la puerta?	______	______
5. ______	¿Bajas la radio, por favor?	______
6. ______	______	Quita la tele.
7. ¿Puedes darme tu dirección?	______	______

¿Puede abrir la ventana?	¿Abre la ventana?	Abra la ventana.
1. ______	¿Me deja el diccionario?	______
2. ¿Puede ayudarme a hacer esto?	______	______
3. ______	______	Déjeme pasar.
4. ______	¿Cierra usted la puerta, por favor?	______
5. ¿Puede bajar la radio?	______	______
6. ______	______	Quite la tele.
7. ______	¿Me da su dirección, por favor?	______

5.4.

Completa según el modelo:

1. ● ¿ Le ayudo? (a usted)
   ○ Gracias, joven.

2. ● ¿ ______ pasas la sal, por favor? (a mí)
   ○ Toma.

3. ● ¿Puede despertar ______ a las 7 y media? (a nosotros)
   ○ Sí, claro.

4. ● ¿Puedo ayudar ______? (a vosotros)
   ○ No, gracias. Ya está.

5. ● Perdone, ¿puede ayudar ______ ? Es que yo no puedo. (a mí)

○ Sí, un momento.

6. ● ¿______ puede fumar?

7. ● ¿______ puede girar a la derecha?

○ No, no se puede.

8. ● Estoy trabajando. Esta señorita ______ va a ayudar. (a ustedes)

9. ● Ayúde ______ , Mariano. (a ellos)

5.5.

Completa según el modelo:

○ Voy a cerrar la puerta.

● *Ya la cierro yo.*

1. ○ Voy a hacer la cena.

● ____________________

2. ○ Voy a comprar el periódico.

● ____________________

3. ○ Quito la mesa.

● ____________________

4. ○ Voy a hacer las camas.

● ____________________

5. ○ Tengo que comprar las entradas.

● ____________________

6. ○ Voy a lavar los platos.

● ____________________

7. ○ Voy a abrir la puerta.

● ____________________

8. ○ Voy a coger el teléfono.

● ____________________

9. ○ Tengo que bajar la basura un momento.

● ____________________

10. ○ Tengo que ir a comprar pan.

● ____________________

5.6.

Completa según el modelo:

● ¿Está Carlos?

○ No, no está. *Está estudiando en casa de un amigo.*

1. ● ¿Está Antonio?

○ Sí, pero __________ (DORMIR)

2. ● ¿Están los señores Ramírez?

○ Sí, pero en este momento __________ (CENAR)

3. ● ¿Qué hace Ruiz?

○ __________ (ESCRIBIR UNA CARTA)

4. ● ¿La señora Magdalena Ortiz, por favor?

○ Lo siento, __________ (COMER)

6. Todo oídos

6.1.

	V	M
El señor necesita despertarse a las ocho.		
En el hotel no lo pueden llamar.		
La señora no quiere fumar.		
En la sala se puede fumar.		
El señor no puede abrir la puerta.		
El botones no puede ayudarle en este momento.		

6.2.

Número: ________ Número: ________ Número: ________

6.3.

Escribe lo que piden:

____

____

____

____

____

____

7. Tal cual

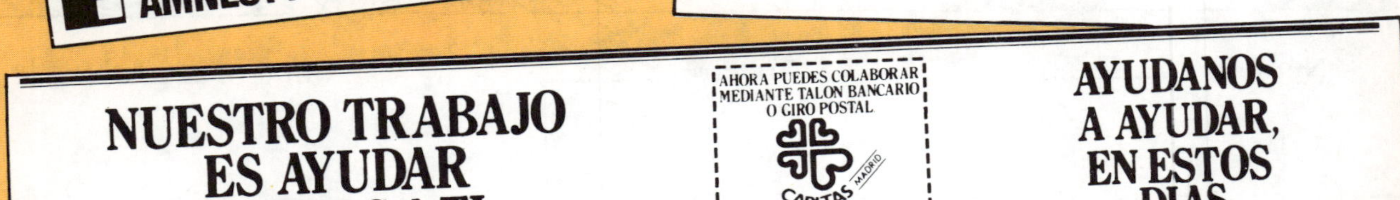

¿Qué quieren?
¿Qué podemos hacer?
¿Qué tenemos que hacer?

1. ______________________________
2. ______________________________
3. ______________________________
4. ______________________________
5. ______________________________
6. ______________________________
7. ______________________________

8. Allá tú

9. Somos así... ¡qué le vamos a hacer!

7

¿TÚ CREES QUE SÍ?

1. ¿Qué me cuentas?

1.1. Han ido a Madrid para ver el Museo del Prado.

● Quiero comprar unas postales para mandar a Terencio. ¿Dónde venden?
○ Ni idea.

● ¿Quieres ir a la sala de Picasso o a la de Goya?
○ Me da igual.

● Voy a volver mañana para ver esta sala con más tiempo.

● Oye, me voy un momento porque quiero ver otra vez "Los caprichos".

● ¿"El caballero de la mano en el pecho" está en esta planta?
○ Pues no me acuerdo.

● ¿Y "El príncipe Baltasar Carlos a caballo"?
○ No sé si es ése o aquél.
Δ Creo que es aquél.

1.2. Viendo "Las meninas" de Velázquez.

■ Yasser
□ Monika

■ ¿Ése es Velázquez?
□ No, creo que es el del fondo.
■ Yo creo que no.
□ ¿Y los reyes?, ¿dónde están?
■ Son los del espejo.
□ Y ésta no sé quién es...
■ Es impresionante. Me gusta mucho.
□ A mí no tanto. Es que prefiero la pintura moderna.
■ ¿Por qué?
□ No sé, porque la conozco más.
■ Oye, ¿tú sabes qué significa "meninas"?
□ Qué sé yo.

● Vamos, que estoy muy cansado.
○ Hemos venido a Madrid a ver esto y vamos a verlo todo.

● Oiga, ¿la sala 23, por favor?
○ No sé dónde está. Lo siento.

2. Se dice así

2.1. Expresando probabilidad y desconocimiento.

Probabilidad: Creo que / Me parece que

Desconocimiento:

Ignorancia: No sé
Olvido: No me acuerdo

+ si / dónde / quién / cómo / ...

+ Identificación / Descripción / Ubicación / ...

○ ¿Abren a las diez?
¿Aquél es de Goya?
...

● Creo que / Me parece que — sí.
Creo que / Me parece que — no.
No lo sé.
No me acuerdo.

2.2. Expresando indiferencia

Me da igual.
Es igual.
Me da lo mismo.

2.3. Expresando indecisión

No sé.
No sé si ______

2.4. Expresando intención

○ ¿Por qué ______ ?
¿Para qué ______ ?

● ______ para
(porque) quiero
(porque) voy a

\+ infinitivo

2.5. Expresando finalidad

● Un sello / Un bolso / ... + para + Italia / una chica / ...
infinitivo

● Cogemos un taxi / Te ayudo / ... + así + llegamos antes / terminas antes / ...

○ ¿Por qué ______ ?
¿Para qué ______ ?

● ______ + para + infinitivo

2.6. Expresando razón, causa, explicación o justificación.

○ ¿Por qué ______ ?

● ______ porque ______
______. Es que ______

3. Y ahora tú

3.1.

Responde expresando seguridad, probabilidad o desconocimiento:

SÍ/NO
CREO QUE SÍ/NO
ME PARECE QUE SÍ/NO
NO LO SÉ
NO ME ACUERDO

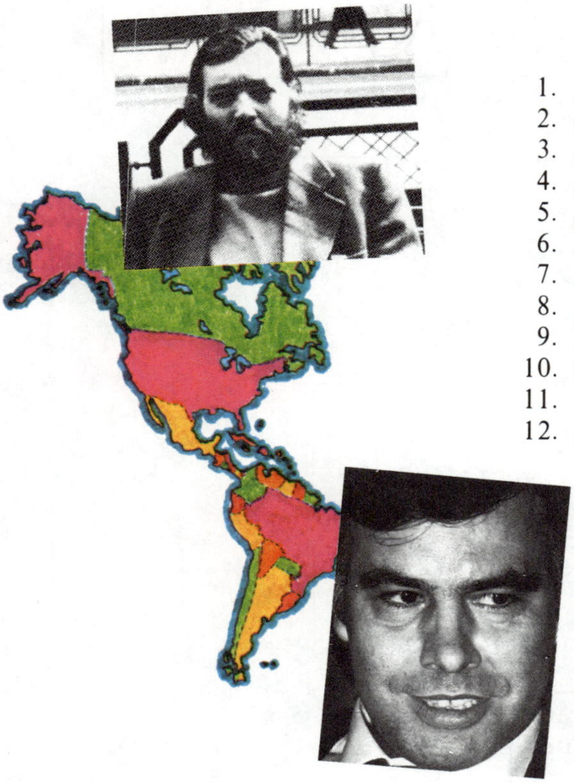

1. ¿En Brasil hablan español?
2. ¿Has estado en Sevilla?
3. ¿Cortázar es un escritor argentino?
4. ¿Montevideo es la capital de Chile?
5. ¿En qué año ganaron los socialistas las elecciones en España?
6. ¿El tango es un baile?
7. ¿Gijón está al norte de España?
8. ¿Buenos Aires es más grande que Madrid?
9. ¿El presidente del gobierno español se llama Felipe?
10. ¿El Machu-Pichu está en Perú?
11. ¿La guerra civil española fue en 1936?
12. ¿Las Canarias están en el Mediterráneo?

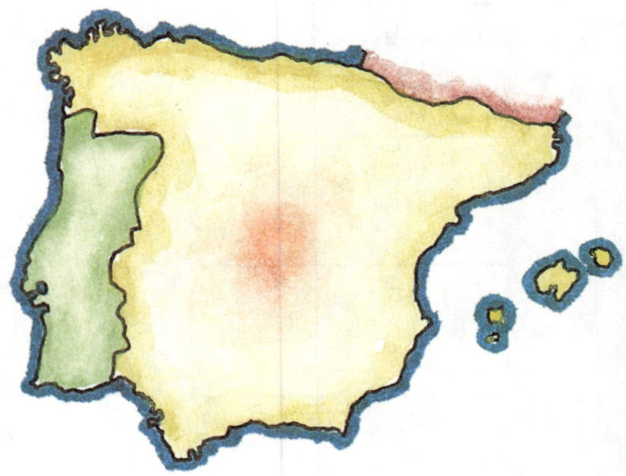

3.2.

Razona o justifica tu respuesta:

○ ¿No has traído el coche?
● *(No), es que está en el taller.*

1. ○ ¿Por qué no me has llamado por teléfono?
   ● ______________________
2. ○ ¿Por qué no has venido antes?
   ● ______________________
3. ○ ¿Vienes solo? ¿Por qué no viene tu amiga?
   ● ______________________
4. ○ ¿Por qué no le has dejado 5.000 pesetas a Luisa?
   ● ______________________
5. ○ ¿No quieres quedarte un rato más?
   ● ______________________
6. ○ ¿Por qué no has ido a clase esta mañana?
   ● ______________________
7. ○ Llegas tarde.
   ● ______________________
8. ○ ¿Qué te pasa? ¿Por qué estás tan serio?
   ● ______________________
9. ○ ¿Me acompañas a dar un paseo?
   ● ______________________
10. ○ ¿Por qué no comes más carne?
    ● ______________________

3.3.

Habla con tu compañero

● tu compañero
○ tu hablando de ti mismo

Uno de estos tres es director de banco.

● ¿El director del banco es el del bigote?

○ Creo que sí.
Creo que no.
Creo que es el del pelo corto porque va muy bien vestido.

1. A uno le gusta la música clásica.

4. Uno de estos tres no es español.

2. Uno de éstos no es de la misma familia.

5. Uno de estos tres ya no trabaja.

3. A uno le gusta mucho el vino.

6. Uno de estos hombres hace mucho deporte.

3.4.

Responde a estas preguntas:

● tú hablando de ti mismo

1. ○ ¿Vamos a ver el Zoo o el Museo del Prado?
   ● ____________________
2. ○ ¿Pedimos mejillones o calamares?
   ● ____________________
3. ○ ¿Vamos en metro o en autobús?
   ● ____________________
4. ○ ¿Qué quieres para cenar? ¿Tortilla o ensalada?
   ● ____________________
5. ○ ¿Qué pongo: un disco o la radio?
   ● ____________________
6. ○ ¿Tomas café o té?
   ● ____________________
7. ○ ¿Salimos o nos quedamos en casa?
   ● ____________________
8. ○ ¿Friegas los platos o quitas la mesa?
   ● ____________________
9. ○ ¿Compramos "Cambio 16" o "Interviú"?
   ● ____________________
10. ○ ¿Vamos al fútbol o al cine?
    ● ____________________

3.5.

Entre los autores de este libro se han infiltrado personajes famosos. Habla con tu compañero y discute quiénes crees que son.

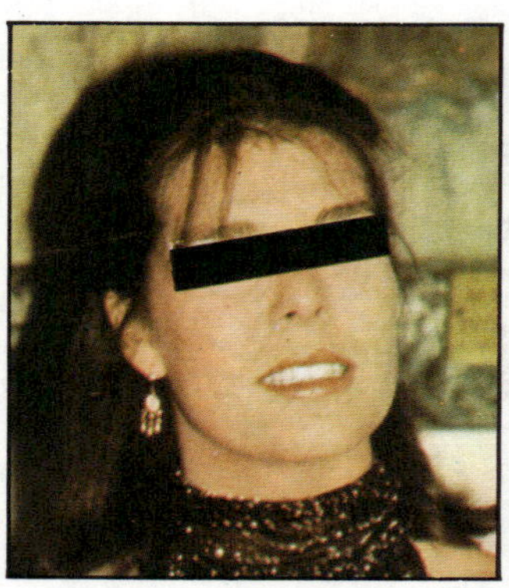
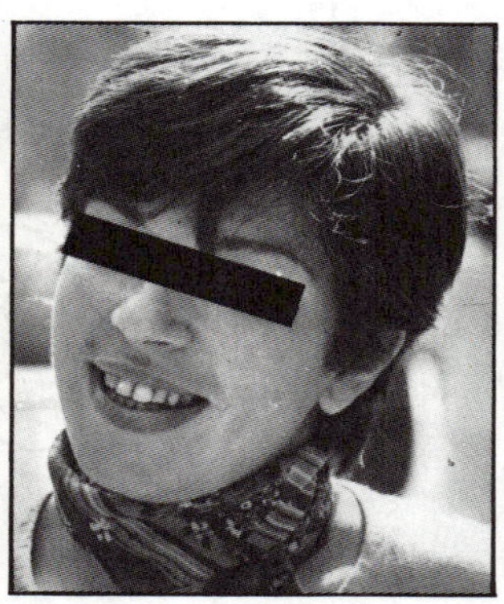
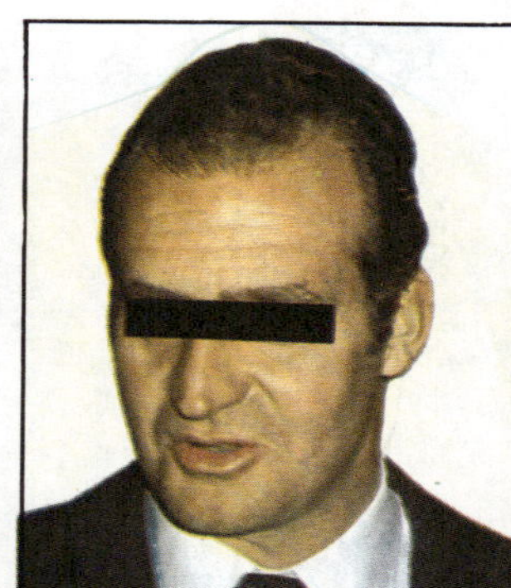

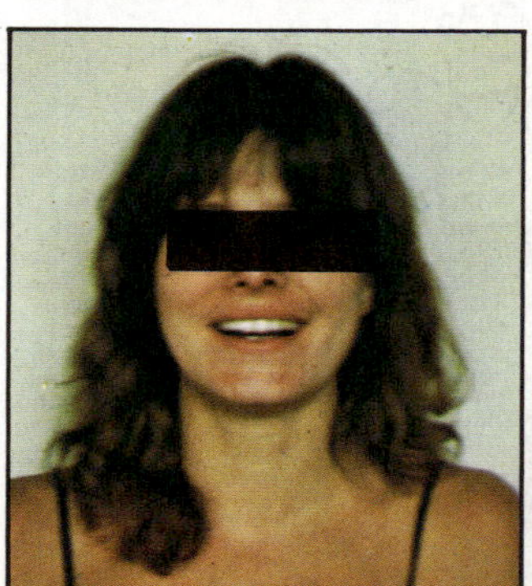
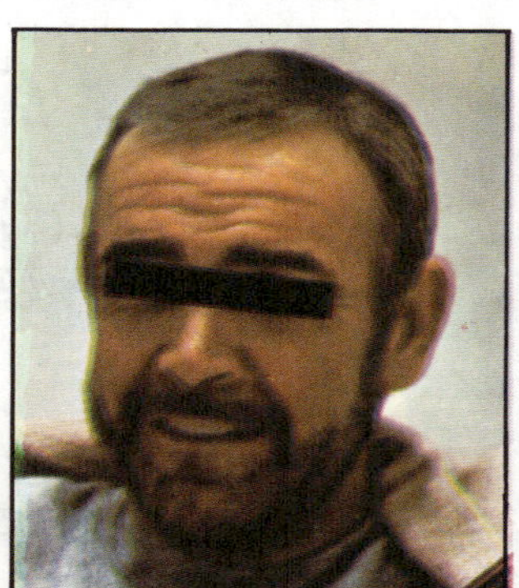
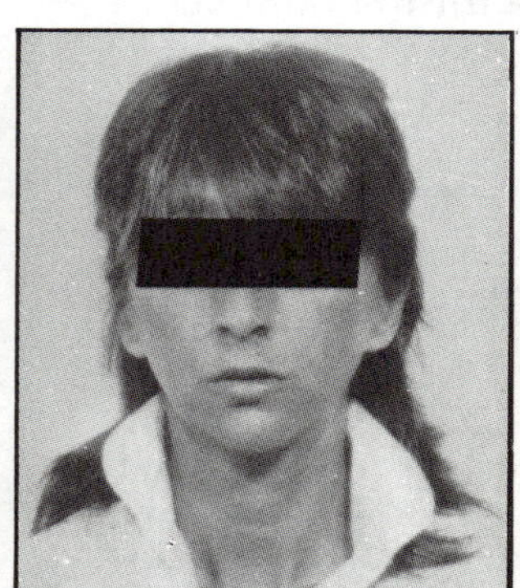

4. Ojo: ¿te acuerdas?

4.1. Expresión del tiempo.

TIEMPOS DEL PASADO	TIEMPOS DEL PRESENTE
Perfecto: He + –ADO / –IDO · esta tarde / hoy / ø ¿Ha llegado Pepe? **Indefinido:** Fui, estuve,... · ayer / el 15 / el mes pasado / en 1954	**Presente:** Trabajo, -as, -a, ... Estoy + -ANDO / -IENDO Estoy comiendo

TIEMPOS DEL FUTURO
Presente: voy, vas... + mañana / el mes que viene / ... Mañana no hay clase **Voy + a +** -AR / -ER / -IR Voy a salir de viaje

4.2. Otros valores

Obligación: Tengo que + -AR / -ER / -IR

Intención, voluntad: Quiero + Ø + -AR / -ER / -IR

Posibilidad, permiso: Puedo + Ø + -AR / -ER / -IR

Invitación, favor, etc.: Imperativo: ven, mira, ... / ¿Puedes / ¿Quieres + -AR / -ER / -IR

Posibilidad: Hay que / Se puede + -AR / -ER / -IR

4.3. Reacciona:

1. ● Hola, ¿qué hay?
 ○ ______________________

2. ● Éste es el Sr. López.
 Δ Mucho gusto, joven.
 ○ ______________________

3. ● ¿Por qué llevas un jersey de lana?
 ○ ______________________

4. ● No me gusta Picasso.
 ○ ______________________

5. ● Mi compañera está en el hospital.
 ○ ______________________

6. ● Adiós. Saludos a tu familia.
 ○ ______________________

7. ● Me han regalado un tocadiscos muy bueno.
 ○ ______________________

8. ● ¿Qué te parecen los padres de Carlos?
 ○ ______________________

9. ● ¿Vienes esta noche a casa?
 ○ ______________________

10. ● ¿Vas a ir a la fiesta de Rosa?
 ○ ______________________

11. ● Me parece muy caro este restaurante.
 ○ ______________________

12. ● Hasta la vista.
 ○ ______________________

13. ● ¿Por qué no has ido a clase esta mañana?
 ○ ______________________

14. ● ¿Cómo se escribe tu apellido?
 ○ ______________________

15. ● ¿De dónde eres?
 ○ ______________________

16. ● ¿Hay una farmacia cerca, por favor?
 ○ ______________________

17. ● El bolso ¿cómo lo quiere?
 ○ ______________________

18. ● ¿Quién es Luis?
 ○ ______________________

19. ● ¿Me dejas 30.000 pesetas?
 ○ ______________________

20. ● ¿Puede ayudarme, por favor?
 ○ ______________________

21. ● ¿No hay otra parada más cerca?
 ○ ______________________

22. ● ¿Puedo ayudarle?
 ○ ______________________

23. ● ¿Un poco de coñac?
 ○ ______________________

24. ● ¿Qué te pasa?
 ○ ______________________

25. ● ¿Maradona es español?
 ○ ______________________

4.4.

Y ahora habla con el profesor y con tus compañeros:

¿Te gusta venir a clase? ¿Por qué?

¿Son simpáticos Monika y Yasser? Hablan muy bien, ¿verdad?

¿Qué ejercicios te gustan más?

¿Qué opinas de España y de los españoles?

¿Has aprendido cosas interesantes?

¿Tienes que estudiar cosas que no te interesan?

¿Es muy difícil el español?

¿Qué es más difícil: hablarlo o entenderlo?

¿Qué lección te ha gustado más?

¿Cuál te parece más útil?

¿Cuál te ha parecido más aburrida?

5. Dale que dale

5.1.

Completa según el modelo:

● No me (GUSTAR) gustan los cuadros abstractos.

○ A mí tampoco, pero éste me (GUSTAR) gusta mucho.

1. ● Me (GUSTAR) ________ mucho esta ópera.

 ○ ________ no. Me (GUSTAR) ________ más las italianas.

2. ● ¿Te (GUSTAR) ________ los caramelos de fresa?

 ○ No, ________ me (GUSTAR) ________ más los de menta.

3. ● ¿Qué te (PARECER) ________ estos zapatos?

 ○ No sé... ________ no me (GUSTAR) ________ mucho.

4. ● A Rafael no le (GUSTAR) ________ los bocadillos de jamón. ¿Y a su mujer?

 ○ ________ tampoco le (GUSTAR) ________

5. ● ¿A Paco y a ti os (gustar) ________ la Costa Brava?

 ○ Sí, ________ nos (gustar) ________ mucho.

5.2.

Completa según el modelo:

● ¿Me dejas tu saco de dormir?

○ Sí, cóge lo

1. ● Tienes que llevarte la mochila.

 ○ Ya ________ he cogido.

2. ● ¿Tenéis las botas?

 ○ Creo que ________ ha cogido Pedro.

3. ● ¿Has cogido la tienda de campaña?

 ○ Sí, ya ________ he puesto en el coche.

4. ● ¿Tienes la radio?

 ○ Sí, ________ tengo en el coche, dentro de la mochila.

5. ● ¿Habéis cogido los platos y los cubiertos?

 ○ Sí, ________ tenemos aquí.

6. ● Acuérdate de coger el transistor.

○ Ya________ he puesto en el bolsillo de la mochila.

7. ● Tengo que llenar la cantimplora.

○ No, que ya________ he llenado yo.

5.3.

Forma cinco frases uniendo un elemento de cada columna:

Ese El La Esos Esas	pintura cuadros quiosco bolso camisas	amarillas ∅ azul moderna ∅	es no me parecen está me gusta creo que son	aquí bastante muy nada bonitos	∅ feo caras ∅ mismo

1. ______________________________
2. ______________________________
3. ______________________________
4. ______________________________
5. ______________________________

5.4.

Completa con los tiempos adecuados:

1. ○ ¿Por qué esta mañana (LEVANTARSE)________ tan pronto Rafael?

● Porque (IR)________ a buscar trabajo.

2. ○ Mañana (HABER)________ un concierto ¿verdad?

● Sí, ¿(IR)________ juntos tú y yo?

○ Vale, esta tarde (COMPRAR) ____________ las entradas.

3. ○ ¿(ESTAR) ________ tu compañera en casa?

● Sí, en este momento (LEER)________ el periódico en la sala.

4 ○ ¿Qué (DECIR)________ la profe esta mañana?

● Nada nuevo. (VER, nosotros)________ unas diapositivas.

5. ○ (TENER, yo) ________ hambre. ¿(TENER, tú) ________ un poco de pan?

● Sí, (MIRAR) ________ en la nevera.

6. ○ ¿Ayer (QUEDARSE, tú) ________ en casa?

● Sí, pero anteayer (ESTAR) ________ en casa de Ramón.

7. ○ Perdone, ¿(HABER) ________ un estanco por aquí?

● Sí, (GIRAR, usted) ________ la primera a la izquierda, luego (SEGUIR) ________ recto unos cien metros. Allí (ESTAR) ________ el estanco.

8. ○ ¿A qué hora (ACOSTARSE) ________ tu hijo mayor normalmente?

● A las 10 (CENAR) ________ y luego (ACOSTARSE) ________

9. ○ ¡Qué ruido! ¿Qué estáis haciendo?

● (OIR) ________ la radio.

10. ○ ¿Los señores Ramírez, por favor?

● Lo siento, en este momento (COMER) ________

5.5.

Relaciona:

● Se llama Antonio.	○ ¿De Berlín?
● No puedo ir al teatro.	○ ¿Te ha gustado?
● Este abrigo está muy bien.	○ ¿Aquí en la plaza?
● Voy a salir esta noche.	○ ¿Aquél?
● He ido al Museo de la Ciencia.	○ ¿Y qué te ha dicho?
● Es alemán.	○ ¿Y cómo se llama de apellido?
● El bajito es mi primo.	○ ¿Cuánto vale?
● Mira esta postal. ¡Qué edificio más original!	○ ¿Sabes dónde está?
● He hablado con Jorge.	○ ¿Con quién?
● La farmacia está muy cerca.	○ ¿Por qué? ¿qué te pasa?

6. Todo oídos

6.1.

Pon el número que corresponde a cada palabra:

hayas ______ Aragüés ______ abetos ______

Bisaurín ______ coche del hermano ______

6.2.

Contesta a estas preguntas:

7. Tal cual

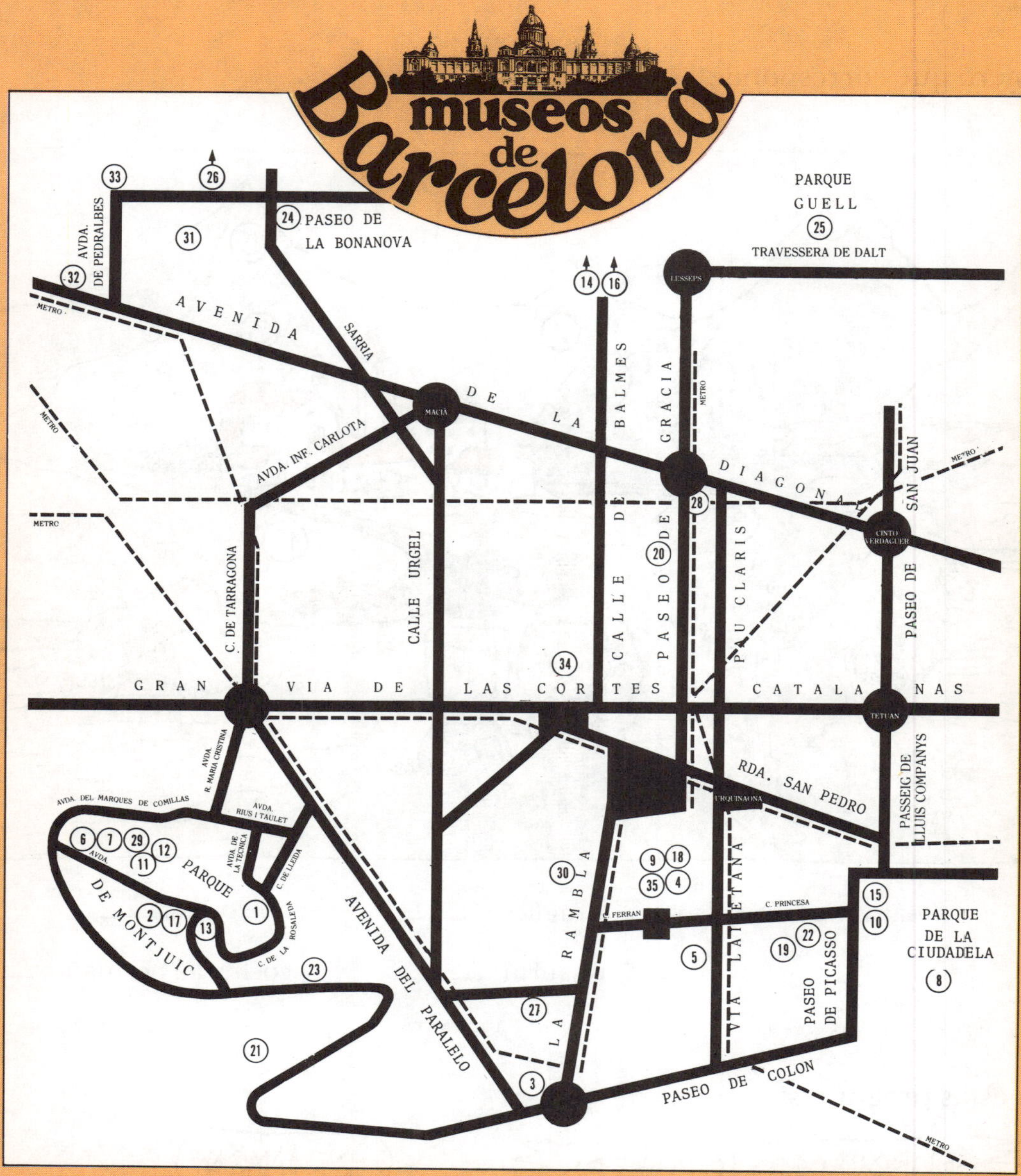

¿Qué crees que hay en cada museo?

Museo nacional, museo urbano
1. Museo arqueológico.
2. Museo de Arte de Cataluña.
3. Museo marítimo.
4. Museo de Historia de la Ciudad.
6. Pueblo Español.
8. Museo de Arte Moderno.

La Tierra, la Vida, los hombres
10. Museo de Geología.
14. Museo de la Ciencia.
15. Museo de Zoología.

Las colecciones
17. Museo de Cerámica.
21. Museo Militar.

Las artes y los artistas
22. Museo Picasso.
23. Fundació Miró.
25. Museo Gaudí.
27. Museo del Teatro.
28. Museo de la Música.

Colecciones en conventos, iglesias y palacios
30. Palacio de la Virreina.
32. Museo del Palacio de Pedralbes y Museo de las carrozas.
33. Museo del Monasterio de Pedralbes.
35. Museo de la Catedral.

8. Allá tú

9. Somos así... ¡qué le vamos a hacer!

WÖRTERVERZEICHNIS SPANISCH-DEUTSCH

Spanisch-Deutsches Wörterverzeichnis

Abkürzungen

adj. = Adjektiv	*Akk.* = Akkusativ	*f* = feminin	*m* = maskulin
adv. = Adverb	*Dat.* = Dativ	*fam.* = familiär, umgangssprachlich	*pl.* = Plural

Unidad 1

1. Hola, ¿qué tal?

uno	eins
¡hola! ¿qué tal?	hallo! wie geht's?

1.1. ¿Qué me cuentas?

¿qué me cuentas?	*etwa:* was gibt's Neues?
¿qué?	was?
me	mir; mich
cuentas *(contar)*	erzählst du

1.1.1.

y	und
van a estudiar *(ir a)*	(sie) werden/wollen studieren
el español	(das) Spanisch(e); Spanier
hoy	heute
es *(ser)*	ist
el día de la matrícula	der Tag der Einschreibung
de	von, aus
¡eh!, ¡hola!	*etwa:* hallo, Tag!, hallo, grüß dich!
¿qué tal?	wie geht's?
soy *(ser)*	ich bin
Zaragoza	Saragossa
pero	aber
vivo *(vivir)*	ich lebe
aquí	hier
yo	ich
el,la francés,-esa	Franzose, Französin
¿de dónde eres? *(ser)*	woher/von wo kommst du/bist du?
¿dónde?	wo?
el,la alemán, -ana	Deutscher, Deutsche
Líbano *m*	Libanon
¿cómo te llamas?	wie heißt du?
llamarse	heißen *(sich nennen)*
tú	du
es usted *(ser)*	sind Sie
la profesora	Lehrerin
no	nein
no soy yo	das bin ich nicht, das bin nicht ich
es aquella chica	es ist/das ist das Mädchen dort
aquel, aquella	der, die das . . . dort
C. soy yo	ich bin C.
un momento, por favor	einen Augenblick, bitte
perdona	verzeih!, entschuldige!
hablo *(hablar)*	ich spreche

1.1.2.

dos	zwei
ha reservado	(er, sie, es) hat reserviert
una habitación	ein Zimmer
ahora	jetzt
está *(estar)*	(er, sie, es) ist
en la recepción	in der Rezeption, beim Empfang
en	in, auf
del hotel	des Hotels
del = de + el	vom, von dem, des
buenos días	guten Tag, guten Morgen
bueno,a *(adj.)*	gut
el nombre	(Vor-)Name
el apellido	Familienname
¿cómo se escribe? *(escribir)*	wie schreibt man das?
¡ah, sí!	aha, ja!
Sr. *(señor)* **Stone**	Herr Stone
escriba	schreiben Sie!
su (nombre)	Ihren (Namen)
en esta ficha	auf diesen Zettel
este, esta	dies(er, -e, -es)
¿está bien así?	ist es so gut/richtig?
bien *(adv.)*	gut
así	so
sí	ja
muy bien	sehr gut
gracias	danke
la habitación	das Zimmer

1.1.3.

tres	drei
M. intenta ligar	M. versucht anzubandeln
el,la extranjero, -a	Ausländer(in)
¿verdad?	nicht wahr?
el,la vasco,-a	Baske, Baskin
me llamo	ich heiße
¿estudias? *(estudiar)*	studierst du?
o	oder
¿trabajas? *(trabajar)*	arbeitest du?
el,la estudiante	Student(in)
pues	nun
trabajo	ich arbeite
en un banco	in einer Bank

1.2. Se dice así

se dice así	so sagt man, man sagt so
decir	sagen

1.2.1.

el saludo	Gruß, Begrüßung
informal	umgangssprachlich
formal	formell
buenas *(fam.)*	Tag, hallo
¿qué hay?	wie geht's?
hay	es gibt, es sind
buenas tardes	guten Tag *(etwa ab 14 h)*; guten Abend
la tarde	Nachmittag, Abend
buenas noches	guten Abend; gute Nacht
la noche	Nacht, Abend

1.2.2.

la información	Information, Auskunft
personal	persönlich; zur Person
el origen	Herkunft
la nacionalidad	Staatsangehörigkeit
Atenas	Athen
Roma	Rom
el,la griego,-a	Grieche, Griechin
el,la italiano,-a	Italiener(in)
el,la japonés,-esa	Japaner(in)
el,la chino,-a	Chinese, Chinesin
la profesión	Beruf
¿qué haces? *(hacer)*	was machst du?
estudio *(estudiar)*	ich studiere
trabajo *(trabajar)*	ich arbeite
el camarero	Kellner
el domicilio	Wohnsitz, -ort
¿dónde vives/vive? *(vivir)*	wo lebst du/leben Sie?

1.2.3.

la fórmula	Formel
social	sozial, konventionell
llamar la atención	aufmerksam machen, Aufmerksamkeit wecken
¡oiga!	hören Sie, bitte!, hallo!
¡oye!	hör' (doch) mal, bitte!
perdone, perdona	Entschuldigung; entschuldigen Sie, entschuldige
disculparse	sich entschuldigen
lo siento	es/das tut mir leid

1.3. Y ahora tú

y ahora tú	jetzt bist du an der Reihe

1.3.1.

un invitado	ein Gast
llega a una fiesta	kommt zu einer Party, trifft auf einer Party ein
llegar	ankommen
puede ser . . .	es kann . . . sein
poder	können
alguien	jemand
abre la puerta *(abrir)*	öffnet die Tür
practica	übe!
con tu compañero	mit deinem Mitschüler
según el modelo	nach dem Muster
abres *(abrir)*	du öffnest
invitados	Gäste

1.3.2.

habla *(hablar)*	sprich!
tú hablando de ti mismo	du sprichst von dir selbst (von dir selbst sprechend)
el médico	Arzt
el abogado	Rechtsanwalt
el arquitecto	Architekt

1.3.3.

haz la pregunta	stelle die Frage
hacer	machen

1.3.4.

cuatro	vier
relaciona *(relacionar)*	stelle die Verbindung her!
la señorita	Fräulein
de apellido	mit Nachnamen

1.3.5.

cinco	fünf
llegas a un congreso	du kommst zu einem Kongreß
hablas	(du) sprichst
el,la recepcionista	Empfangschef, -dame
segundo,-a	zweite (er, -e, -es)
aquí está	hier ist es
pase, pase *(pasar)*	gehen Sie (nur) hinein!

1.3.6.

seis	sechs
estás hablando	du sprichst
el bar	Café, Imbißstube
el inglés	(das) Englisch(e); Engländer
voy *(ir)*	ich gehe
a la universidad	auf die Universität

1.4. ¡Ojo!

¡ojo!	Achtung!, Vorsicht!

1.4.1.

el músico	Musiker
el, la periodista	Journalist(in)
Marruecos *m*	Marrokko
España *f*	Spanien

1.4.3.

el abecedario	Alphabet
el bigote	Schnurrbart

1.4.4.

el,la irlandés, -esa	Ire, Irin
el,la canadiense	Kanadier(in)
el,la taxista	Taxifahrer(in)
el,la empleado, -a	Angestellter, Angestellte

1.5. Dale que dale

dale que dale	und immer wieder, immer drauflos

1.5.1.

repite *(repetir)*	wiederhole!
la misma pregunta	die gleiche Frage
la forma (usted)	(Sie-)Form
los idiomas *(el idioma)*	Sprachen

1.5.2.

marca	trage ein!
a continuación de	nach
cada	jed(er, -e, -s)
la frase	Satz
el ruso	(das) Russisch(e); Russe

1.5.3.

completa *(completar)*	ergänze!
sólo	nur
un poco de	ein wenig
Siria *f*	Syrien
Jordania *f*	Jordanien
el,la chino,-a	Chinese, Chinesin
Beijing *(= Pekín)*	Beijing *(= Peking)*

1.5.4.

forma *(formar)*	bilde!
el máximo de . . .	soviel . . . wie möglich
el elemento	Element, Bestandteil
la columna	Spalte, Kolumne
el árabe	(das) Arabisch(e); Araber
el,la suizo,-a	Schweizer(in)

1.5.5.

escribe el texto *(escribir)*	schreibe den Text
cuidado con	Vorsicht bei/mit
la secretaria	Sekretärin
la enfermera	Krankenschwester

1.5.6.

la oficina	Büro
la calle	Straße
las matemáticas	Mathematik
la química	Chemie
el sueco	(das) Schwedisch(e); Schwede
Milán	Mailand

1.6. Todo oídos

todo oídos	ganz Ohr

1.6.1.

señala *(señalar)*	zeige!, gib . . . an!
la correspondencia entre	die Übereinstimmung zwischen
los diálogos *(el diálogo)*	Dialoge
los dibujos *(el dibujo)*	Zeichnungen
el número	Nummer

1.6.3.

responde sí o no a *(responder)*	antworte (mit) ja oder nein auf
el italiano	(das) Italienisch(e); Italiener
¿es o no es español?	sind Sie/ist er Spanier oder (sind Sie/ist er es) nicht?
el,la belga	Belgier(in)
se llama	(er, sie, es) heißt

1.7. Tal cual

siete	sieben
tal cual	*etwa:* irgendwie (wenn's auch nicht ganz klappt)
los datos personales	Angaben zur Person
tus	deine *(pl.)*

1.8. Allá tú

ocho	acht
allá tú	*etwa:* das ist jetzt deine Sache, nun sieh selber zu, wie du fertig wirst

1.9. Somos así . . . ¡qué le vamos a hacer!

nueve	neun
somos así *(ser)*	*etwa:* so sind wir nun mal
¡qué le vamos a hacer!	da kann man nichts machen

cinco	fünf
español,-a	spanisch
el lugar de origen	Herkunftsort
el,la catalán,-ana	Katalane, Katalanin
catalán,-ana	katalanisch
el,la andaluz,-a	Andalusier(in)
andaluz,-a	andalusisch
el,la aragonés,-esa	Aragonier(in)
aragonés,-esa	aragonisch
el,la castellano,-a	Kastilier(in)
castellano,-a	kastilisch
rellena el cuadro *(rellenar)*	fülle die Tabelle aus!
a partir de	auf der Grundlage von, ausgehend von
los datos siguientes	die folgenden Daten
tercero,-a	dritt(er, -e, -es)
junto a	neben
quinto,-a	fünft(er, -e, -es)
primero,-a	erst(er, -e, -es)
el,la vasco,-a	Baske, Baskin
vasco,-a	baskisch
tiene una zeta *(tener)*	hat/enthält ein „Z"
tener	haben

Unidad 2

2. ¿Dónde están las llaves?

están *(estar)*	(sie) sind
las llaves	Schlüssel *(pl.)*

2.1. ¿Qué me cuentas?

2.1.1.

se encuentran por la calle *(encontrarse)*	(sie) sind/befinden sich auf der Straße
la calle	Straße
¿está cerca el Barrio Gótico?	ist das Gotische Viertel in der Nähe?
cerca	nahe
pues	nun, also
¡hombre!	Mensch!
¿qué haces por aquí? *(hacer)*	was machst du hier?
mira, paseando . . . *(pasear)*	nun, ich gehe spazieren
¿vas al . . .?	gehst du zum . . .?
no está	es ist nicht
lejos	weit (entfernt)
¿verdad?	nicht wahr, stimmt's?
la verdad	Wahrheit
no lo sé *(saber)*	ich weiß es nicht
saber	wissen
tengo *(tener)*	ich habe
un plano	ein Stadtplan
a ver . . .	laß mal sehen . . .
estamos *(estar)*	wir sind, wir befinden uns
hay que coger	man muß nehmen
hay que . . .	man muß . . .
la primera calle a la derecha	die erste Straße rechts
la calle	Straße
primero,-a	erst(er, -e, -es)
a la derecha	rechts, rechter Hand
al final de	am Ende von
giras a la izquierda *(girar)*	du biegst nach links ab
a la izquierda	links, linker Hand
luego	dann
sigues todo recto *(seguir)*	du gehst geradeaus weiter
todo recto	geradeaus
unos cien metros	ungefähr hundert Meter
¡vale!	in Ordnung!
¿vienes conmigo? *(venir)*	kommst du mit (mir)?
de acuerdo	einverstanden!

2.1.2.

la señora	Frau
tiene *(tener)*	(er, sie, es) hat
nuevo,-a	neu
una señora de limpieza	eine Putzfrau
mire *(mirar)*	nun also, schauen Sie
primero *(adv.)*	zuerst
la cocina	Küche
después	dann, danach
el cuarto de baño	Badezimmer
las habitaciones	Zimmer *(pl.)*
el pasillo	Flur
al final	am Ende, zum Schluß
la terraza	Terrasse
el comedor	Eßzimmer
antes del comedor	vor dem Eßzimmer

2.1.3.

tímido,-a	schüchtern
¿dónde está(n) . . .?	wo ist (sind) . . .?
el lavabo	Waschraum, Toilette
¿cómo dice? *(decir)*	wie bitte?
los servicios	Toilette
más alto, por favor	lauter, bitte!
al fondo	am Ende (des Ganges), hinten

2.1.4.

B. ha ido a casa de N.	B. ist zu N. (nach Hause) gegangen
la casa	Haus
a pasar la tarde	um den Nachmittag zu verbringen
oye	hör mal
¿tienes un cenicero?	hast du einen Aschenbecher?
allí	dort
en el suelo	auf dem Boden
al lado de	neben
el sillón	Sessel
la mujer	Frau
entre	zwischen
la lámpara	Lampe
¿y dónde hay cerillas?	und wo sind Streichhölzer?
la estantería	Regal
no hay	nicht da, nichts zu finden
ese cajón	diese Kiste
debajo de	unter
los papeles	Papiere
encima de	(oben) auf
la mesa	Tisch
¡yo qué sé!	was weiß ich!

2.1.5.

no conoce *(conocer)*	(er, sie, es) kennt nicht
la ciudad	die Stadt
¿correos, por favor?	zur Post, bitte?
aquí mismo	gleich hier
¿para ir a la Plaza Mayor?	zur Plaza Mayor?
¿hay una cabina de teléfonos por aquí?	gibt es in der Nähe eine Telefonzelle?

2.1.6.

unas oficinas	(einige) Büros
¿para pedir un visado?	wo kann ich ein Visum beantragen?
aquella puerta	jene Tür
la sección de seguros	Versicherungsabteilung
una oficina de turismo	ein Fremdenverkehrsbüro
subiendo la escalera *(subir)*	die Treppe hinauf
la escalera	Treppe

2.2. Se dice así

2.2.1.

la existencia	Existenz, Sein
el objeto	Gegenstand
la ubicación	Lage

2.2.2.

dentro de	in, innerhalb von
sobre	auf

2.2.3.

el lugar	Ort, Stelle
la plaza	Platz
ésta	diese
es ésta	hier ist es

2.2.4.

el piso	Stockwerk; Wohnung
tercero,-a	dritt(er, -e, -es)

2.2.5.

los minutos *(el minuto)*	Minuten
los metros *(el metro)*	Meter *(pl.)*
el Museo Marítimo	das Schiffahrtsmuseum

2.2.6.

la secuencia	Reihenfolge

2.2.7.

la ignorancia — Nichtwissen, Unkenntnis

2.2.8.

sobre sí mismo — über sich selbst

2.2.9.

el acuerdo — Einverständnis

2.2.10.

el agradecimiento — Dank, Danken
de nada — bitte sehr!, keine Ursache!

2.3. Y ahora tú

2.3.1.

estás *(estar)* — du bist
en casa — zu Hause
un amigo — ein Freund
un periódico — eine Zeitung

2.3.2.

el vino — Wein
mi chaqueta — meine Jacke
la revista — Zeitschrift
la sala de estar — Wohnzimmer

2.3.3.

el portero — Hausmeister
el cartero — Briefträger
¿dónde vive . . .? — wo wohnt . . .?
cuarto,-a — viert(er,-e,-es)

2.3.4.

¿qué hay que hacer? — was muß man tun?
para llamar a tu país — um in deinem Land anzurufen
desde España — von Spanien aus
llamar — rufen, anrufen
el país — Land
marcar — wählen *(Telefon)*
el prefijo — Vorwahl
esperar — warten; abwarten
la señal — Signal
la localidad — Ort, Stadt
el número de teléfono — Telefonnummer
las llamadas internacionales — Internationale Ferngespräche, Auslandsgespräche
la farmacia — Apotheke
enero *m* — Januar
martes *m* — Dienstag
el supermercado — Supermarkt
el cine — Kino

2.3.6.

el metro — U-Bahn
el restaurante — Restaurant
la panadería — Bäckerei
la plaza del centro — Zentralplatz
el bus — Bus
el quiosco — Kiosk
el estanco — Tabak- und Briefmarkenladen
pregunta a tu compañero por *(preguntar)* — frage deinen Mitschüler nach
a tu compañero — deinen Mitschüler *(Akk.)*
la parada de autobús — Autobushaltestelle
la oficina de correos — Postamt
la estación de metro — U-Bahn-Station
contesta *(contestar)* — antworte!

2.3.7.

el pañuelo — Taschentuch
pide *(pedir)* — (er)bitte!
el bolígrafo — Kugelschreiber
la hoja de papel — Blatt Papier
el sobre, los sobres — Briefumschlag, Briefumschläge
el listín de teléfonos — Telefonbuch
la guía — Reiseführer *(Buch)*
la aspirina — Aspirin(tablette)
explícale *(explicar)* — erkläre ihm!

2.4. ¡Ojo!

2.4.1.

mirar — ansehen; schauen
girar — abbiegen; drehen
perdonar — entschuldigen
coger — nehmen
tener — haben
seguir — folgen; weitermachen
oír — hören
venir — kommen
decir — sagen
estar — sein
ir — gehen

2.4.3.

el singular — Singular
el plural — Plural
el verbo — Verb

2.4.4.

el nombre común — Gattungsname
el nombre propio — Eigenname
la persona — Person

2.4.5.

la manera — Art und Weise
ordenar — ordnen, anordnen
el libro — Buch
la cama — Bett
el mercado — Markt

2.4.6.

la cafetería — Café
a quinientos metros — 500 Meter entfernt
a unos diez minutos — etwa 10 Minuten entfernt

2.4.7.

el curso — Kurs
la planta — Stockwerk

2.5. Dale que dale

2.5.1.

la palabra — Wort
en cada espacio — in jedem Zwischenraum
también — auch
cambiar dinero — Geld wechseln

2.5.2.

mis pantalones — meine Hose

2.5.3.

la caja de cerillas — Streichholzschachtel

2.5.4.

el diálogo — Dialog
el plano — Plan

2.5.5.

las llaves del coche — Autoschlüssel *(pl.)*
la tele — Fernseher
las gafas — Brille
el bolso — Handtasche
una agencia de viajes — ein Reisebüro
al otro lado — auf der anderen Seite
saliendo a la derecha — rechts entlang
el parking — Parkplatz

2.5.6.

el encendedor — Feuerzeug
en ese mueble — auf diesem Möbelstück
la corbata — Krawatte
el disco nuevo — neue Schallplatte
el reloj — Uhr
los macarrones — Makkaroni
las bebidas — Getränke
el recibidor — Diele
el aceite — Öl
el abrigo — Mantel
el armario — Schrank
el tocadiscos — Plattenspieler
la nevera — Kühlschrank
la falda — Rock

2.5.7.

posible — möglich
arriba — oben

2.6. Todo oídos

2.6.1.

escucha *(escuchar)*	höre zu!
el camino	Weg

2.6.3.

toma notas *(tomar)*	notiere!

2.7. Tal cual

el plano parcial	Auszug aus dem Stadtplan
la guía de Madrid	Stadtführer von Madrid
la dirección	Adresse
doscientos nueve 209	zweihundertundneun
el sector	Abschnitt
fácil	leicht
busca *(buscar)*	suche!
la letra	Buchstabe
ya está	hier ist es schon!
las referencias	*hier:* Erklärungen
el paseo	Promenade, Straße
la avenida	Allee
el pasaje	Passage, Durchgang

2.8. Allá tú

las taquillas	Fahrkartenschalter *(pl.)*
los andenes *(el andén)*	Bahnsteige
la vía	Gleis
información y turismo	Fremdenverkehrs-information
el área *(f!)* **comercial**	Verkaufsstellen
el área *(f!)*	Fläche, Gebiet, Raum
comercial	Handels . . ., Geschäfts . . .
la librería	Buchhandlung
los regalos	Geschenke
los tabacos	Tabakwaren
los relojes	Uhren
el reloj	Uhr
el paraguas	Regenschirm

2.9. Somos así . . . ¡qué le vamos a hacer!

el perro	Hund
el niño pequeño	kleiner Junge
el niño	Junge, Kind
pequeño,-a	klein
la niña mayor	älteres Mädchen
el niño mayor	älterer Junge
la niña pequeña	kleines Mädchen
la familia	Familie
el museo	Museum
sobre todo	vor allem, besonders
de noche	in der Nacht
muchas estrellas	viele Sterne
todas *(f pl.)*	alle *(Sterne)*
el río	Fluß
como	wie
la cinta	Band
junto a las ventanas	nahe den Fenstern
la ventana	Fenster
las casas llenas de pobres gentes	Häuser, die voll von armen Leuten sind

Unidad 3

3. ¿Y a ti qué te parece?

¿y a ti qué te parece?	und was meinst du?

3.1. ¿Qué me cuentas?

3.1.1.

la planta baja	Erdgeschoß
la chica joven	junges Mädchen
la chica	Mädchen
la ropa de caballero	Herrenbekleidung
el cliente	Kunde
el dependiente	Angestellter
bonito,-a	hübsch
a mí me gusta *(gustar)*	mir gefällt es
a mí me gusta más la verde	mir gefällt die grüne besser
verde	grün
quiero *(querer)*	ich will, ich möchte
para llevar con . . .	was zu . . . paßt, was man zu . . . tragen kann
¿cómo los quiere?	wie möchten Sie sie? *(die Hosen)*
de pana	aus Cord(samt)
de lana	aus Wolle
¿le gustan éstos?	gefallen Ihnen diese?
éstos *(m pl.)*	diese
5.000 = cinco mil	fünftausend
6.500 = seis mil quinientos,-as	sechstausend-fünfhundert
¿no tiene otra más barata?	haben Sie keine billigere?
otro,-a	ein(e) ander(er, -e, -es)
barato,-a	billig
4.500 = cuatro mil quinientos, -as	viertausend-fünfhundert
4.000 = cuatro mil	viertausend
¿no te parece?	findest du nicht?
me gustan las dos	mir gefallen beide
quería	ich hätte gerne
¿cómo? ¿así?	wie? so?
otro,-a más grande	ein(e) größer(er, -e, -es)
¿qué más?	und außerdem?
los sellos	Briefmarken
¿cuánto es?	wieviel kostet das?
son 90 *(noventa)* **pesetas**	das macht 90 Peseten
éste	dieser
el color	Farbe
ésos *(m pl.)*	diese
el escaparate	Schaufenster
de tela	aus Stoff/Leinen
marrón	braun
bastante	ziemlich
bastante nuevo	ziemlich neu
el mío, la mía	meine(er, -e, -es)
la agenda de plástico	Notizbuch aus Plastik
la cartera de piel	Brieftasche aus Leder
unos pañuelos de papel	(einige) Papier-taschentücher
el pañuelo	Taschentuch
los objetos perdidos	Fundsachen
la oficina de cambio	Wechselstube
¿cómo lo quiere?	wie möchten Sie es?
en billetes de mil	in Scheinen zu tausend
tome *(tomar)*	bitte, nehmen Sie
mil	tausend
cien	hundert
ochenta y cinco	fünfundachtzig
en monedas	in Münzen
la moneda	Münze

3.1.2.

se han encontrado	(sie) haben sich getroffen
algo	etwas
antiguo,-a	alt
cuadrado,-a	quadratisch
rectangular	rechteckig
estrecho,-a	eng, schmal
no está mal	(er, sie, es) ist nicht schlecht
el edificio	Gebäude
alto,-a	hoch
gris	grau
el del otro lado	das auf der anderen Seite
el balcón	Balkon
las flores *(la flor)*	Blumen

3.2. Se dice así

3.2.1.

la sorpresa	Überraschung
la admiración	Bewunderung; Verwunderung
la exclamación	Ausruf
¡qué bonito!	wie hübsch!
caro,-a	teuer
feo,-a	häßlich

3.2.2.

la expresión	Ausdruck
el gusto	Gefallen, Vorliebe
la preferencia	Vorliebe
el agrado	Gefallen
mucho *(adv.)*	sehr, viel
muchísimo	sehr, außerordentlich
el desagrado	Mißfallen
la indecisión	Unentschlossenheit
no me gusta nada *(adv.)*	(es) gefällt mir nicht überhaupt nicht

3.2.3.

pedir lo que se quiere comprar	verlangen, was man kaufen möchte
la identificación	Identifizierung
la descripción	Beschreibung
azul	blau

3.2.4.

preguntar si tienen lo que se quiere	fragen, ob das Gewünschte vorhanden ist
un poco más grande	etwas/ein wenig größer

3.2.6.

de plata	aus Silber

3.3. Y ahora tú

3.3.1.

este vestido	dieses Kleid
la botella	Flasche
los guantes *(el guante)*	Handschuhe
los zapatos	Schuhe
el cuadro	Bild
la pluma fuente	Füllfederhalter

3.3.2.

¡qué lío . . .!	welch ein Durcheinander!
ordena la lista	ordne die Liste!
la lista	Liste
el nylon	Nylon
el cristal	Glas
el oro	Gold
los calcetines	Socken
el cuero	Leder
el algodón	Baumwolle

3.3.3.

viajar	reisen
el avión	Flugzeug
el tren	Zug
la bicicleta	Fahrrad
la nave	Schiff
seguro,-a	sicher
rápido,-a	schnell
cómodo,-a	bequem
tranquilo,-a	ruhig

3.3.4.

demasiado *(adv.)*	zuviel, zu sehr
divertido,-a	unterhaltsam, lustig
moderno,-a	modern
interesante	interessant
soso,-a	langweilig, fade
pasado,-a de moda	altmodisch
antipático,-a	unsympathisch
guapo,-a	hübsch
inteligente	intelligent
malo,-a	schlecht
simpático,-a	sympathisch
aburrido,-a	langweilig
tonto,-a	verrückt, albern
machista	herrisch, chauvinistisch
tampoco	auch nicht, ebensowenig

3.3.5.

¿cuál prefieres? *(preferir)*	welch(en, -e, -es) bevorzugst du? welch(en, -e, -es) magst du lieber?
2.200 = dos mil doscientos,-as	zweitausend-zweihundert

3.3.6.

comprar	kaufen
la bolsa de viaje	Reisetasche
de más o menos 7.000 *(siete mil)* **pesetas**	zu ungefähr 7.000 Peseten
entonces estas otras	dann diese hier
la tenemos	wir haben sie
12.000 = doce mil	zwölftausend
10.000 = diez mil	zehntausend
9.500 = nueve mil quinientos,-as	neuntausend-fünfhundert
7.300 = siete mil trescientos,-as	siebentausend-dreihundert
pase por caja, por favor *(pasar)*	gehen Sie bitte zur Kasse!

3.4. ¡Ojo!

3.4.1.

gustar	gefallen; behagen; schmecken
parecer	gefallen; zu sein scheinen
la foto	Fotografie
a ti	dir
a usted	Ihnen
a él	ihm
a ella	ihr
él	er
ella	sie

3.4.3.

muy	sehr
mucho *(adv.)*	viel, sehr
caro,-a	teuer

3.4.4.

unas canciones	(einige) Lieder

3.4.5.

rojo,-a	rot
masculino,-a	maskulin
femenino,-a	feminin

3.4.7.

los pesos	Gewichte
las medidas	Maße
medio,-a	halb
el kilo	Kilo
el litro	Liter
el metro	Meter
un cuarto de	ein viertel
tres cuartos de	dreiviertel
los gramos	Gramm *(pl.)*
los centímetros	Zentimeter *(pl.)*
los kilómetros	Kilometer *(pl.)*

3.4.8.

los números	Zahlen

3.5. Dale que dale

3.5.1.

la tienda	Laden, Geschäft
ancho,-a	weit
la blusa	Bluse
largo,-a	lang
el traje	Anzug
corto,-a	kurz
las botas	Stiefel *(pl.)*
alto,-a	hoch
la maleta	Koffer

3.5.2.

la novela	Roman
el chocolate	Schokolade
el barrio	Viertel, Stadtteil
la camisa	Hemd

3.5.3.

¿qué vas a comprar?	was willst du kaufen?
(un) paquete de	ein Paket . . .
(una) botella de	eine Flasche . . .
(una) lata de	eine Dose . . .
(una) barra de	eine Stange . . .
(una) docena de	ein Dutzend . . .
el atún	Thunfisch
el pan	Brot
el jamón	Schinken
la mantequilla	Butter
la leche	Milch
los tomates	Tomaten
los huevos	Eier
el vino	Wein

3.5.4.

según tus propias opiniones	gemäß deiner eigenen Ansicht
utilizando	*hier:* und gebrauche!
el flamenco	Flamenco *(span. Tanz)*
las películas	Filme
tomar el sol	s. sonnen, sonnenbaden
el jazz	Jazz
el horario	Stundenplan; Arbeitszeit
la tortilla de patatas	Kartoffelomelette

3.5.5.

lleno,-a	voll
nada	überhaupt nicht

3.5.6.

si es necesario	falls notwendig
la americana	Sakko, Jackett
los sellos	Briefmarken
blanco,-a	weiß
oscuro,-a	dunkel

el chico	Junge, junger Mann
las gafas de sol	Sonnenbrille
las cosas	Sachen, Dinge

3.5.7.

¡qué vino tan bueno!	was für ein guter Wein!
fuerte	stark

3.5.8.

lee en voz alta	lies laut!
la voz alta	laute Stimme
las cantidades	Mengen
la persona	Person

3.6. Todo oídos

3.6.1.

marca el número	notiere die Nummer!
que corresponde a la imagen	die zum Bild paßt.
la imagen	Bild

3.6.2.

las siguientes preguntas	die folgenden Fragen
la pregunta	Frage
siguiente	folgend

3.7. Tal cual

la leche de almendras	Mandelmilch
para	für
todos,-as	alle
la gente sana	gesunde Leute
los problemas digestivos	Verdauungsprobleme
sencillamente *(adv.)*	einfach
porque	weil
la tercera edad	die alten Menschen, die Senioren
los, las deportistas	Sportler(innen)
¿por qué?	warum?, weshalb?

3.8. Allá tú

las planchas windsurf	Surfbretter
la oferta	(Sonder-)Angebot
las barcas hinchables	Schlauchboote
la moda joven	junge Mode
los almacenes	Kaufhaus
los televisores	Fernsehgeräte
la bodega	Weinhandlung

3.9. Somos así . . . ¡qué le vamos a hacer!

adivina	rate!
la adivinanza	Rätsel
la moneda	Münze
suman *(sumar)*	machen aus, ergeben
un duro	Duro *(5 Peseten)*
¿cómo puede ser? *(poder)*	wie kann das sein?, wie ist das möglich?
poder	können
las naranjas	Apfelsinen
tendrás mucho frío	du wirst sehr frieren
mucho,-a *(adj.)*	viel
el frío	Kälte
el agua *(f!)*	Wasser
bórdame en tu almohada	stick mich in dein Kissen ein
ahora mismo	jetzt sofort

Unidad 4

4. ¿Quién es aquél del bigote?

¿quién es aquél del bigote?	wer ist der mit dem Schnurrbart?
¿quién?	wer?

4.1. ¿Qué me cuentas?

4.1.1.

la fiesta de cumpleaños	Geburtstagsfeier
felicidades	herzlichen Glückwunsch
toma, esto es para ti	hier, das ist für dich
el papá	Papa
el compañero de clase	Klassenkamerad
¡mucho gusto!	freut mich!
el joven	junger Mann
¡encantado,-a!	sehr angenehm!, sehr erfreut!
rubio,-a	blond
los tejanos	Jeans
el jersey	Pullover
la gordita	die kleine Dicke
la hermana pequeña	kleine Schwester
¿por qué no me la presentas?	warum stellst du sie mir nicht vor?
no lo conozco *(conocer)*	ich kenne ihn nicht
conmigo	mit mir (zusammen)
el, la novio,-a	Verlobter, (fester) Freund; Verlobte, (feste) Freundin
trabajamos juntos	wir arbeiten zusammen
amable	liebenswürdig

4.1.2.

M. está en la cola de un cine	M. steht vor einem Kino Schlange
llega Y.	Y. kommt hinzu
mío, mía	mein(er, -e, -es)
el, la vecino,-a	Nachbar(in)
¿y vosotros de qué os conocéis?	und woher kennt ihr euch?
vosotros,-as	ihr
estudiamos	wir studieren
tercero de Arquitectura	3. Studienjahr Architektur
un amigo mío	ein Freund von mir
libanés,-esa	libanesisch
uno moreno	ein Dunkelhaariger
bajito,-a	etwas klein(geraten)
el pelo rizado	lockige Haare
no lleva gafas	er trägt keine Brille
llevar	tragen
no es nada tímido	er ist keineswegs/überhaupt nicht schüchtern
lo conozco mucho	ich kenne ihn gut
es muy majo	er ist ein fescher Bursche

4.1.3.

el andén	Bahnsteig
que	der, die, das *(Relativ)*
la barba	Bart
el padre	Vater
voy a llamar por teléfono	ich gehe, um zu telefonieren
¡hasta luego!	bis später!
el guía	Fremdenführer
¡hasta pronto!	bis bald!
¡buen viaje!	gute Reise!
¡adiós!	auf Wiedersehen
¿cómo está . . .?	wie geht es . . .?

4.2. Se dice así

4.2.1.

la presentación	Vorstellung, Vorstellen
la persona	Person
mire *(mirar)*	schauen Sie!
mira *(mirar)*	schau!
le presento a . . .	darf ich Ihnen . . . vorstellen?

4.2.2.

las convenciones	Konventionen
los saludos	Grüße
¿cómo está usted?	wie geht es Ihnen?
hasta la vista	auf Wiedersehen!
lunes *m*	Montag
el día 15	den 15.
a	an
el marido	Ehemann

4.2.3.

joven	jung
mayor	größer, älter
viejo,-a	alt
alegre	fröhlich
serio,-a	ernst
educado,-a	wohlerzogen, gebildet
maleducado,-a	ungezogen
gordo,-a	dick
delgado,-a	schlank
alto,-a	groß, hoch(gewachsen)
bajo,-a	niedrig, klein(gewachsen)

moreno,-a	dunkelhaarig
calvo,-a	kahl(köpfig)
los años	Jahre
el pelo largo	lange Haare
corto,-a	kurz
los ojos azules	blaue Augen

4.2.4.

alguien	jemand
el grupo	Gruppe

4.2.5.

liso,-a	glatt
negro,-a	schwarz

4.2.6.

Don	Herr, Don
el, la guía	(Fremden-)Führer, -in

4.3. Y ahora tú

4.3.1.

esta mañana	heute morgen
han robado . . .	. . . wurde ausgeraubt
el banco de debajo de tu casa	die Bank, die sich unten in deinem Haus befindet
tú has visto *(ver)*	du hast gesehen
la policía	Polizei
descríbelas	beschreibe sie!
¿cómo es?	wie sieht er (sie, es) aus?

4.3.2.

pon los saludos *(poner)*	setze die Grußformeln ein!
las despedidas	Abschiedsformeln

4.3.3.

la enfermera	Krankenschwester
¿cuántos años tiene?	wie alt ist sie (er)?
¿qué hace?	was macht sie (er)?
lo lleva largo	sie trägt es lang
el,la cantante	Sänger(in)
el torero	Torero, Stierkämpfer
valiente	mutig
la azafata	Stewardess
el mecánico	Mechaniker
despistado,-a	zerstreut, geistesabwesend

4.3.4.

preséntale tu familia a este amigo	stelle deine Familie diesem Freund vor!
te presento	ich stelle dir vor
presentas al director	du stellst dem Direktor vor
la empresa	Firma, Unternehmen
a tus compañeros de trabajo	deine Arbeitskollegen *(Akk.)*
el director	Direktor
el contable	Buchhalter
el botones	Laufbursche; Page *(im Hotel)*
la secretaria	Sekretärin
el proyectista	Konstrukteur

4.3.5.

tuyo,-a	dein(er, -e, -es)
sólo	nur
el jefe	Chef
el hermano	Bruder

4.4. ¡Ojo!

4.4.1.

mis	meine *(pl.)*
míos, mías	meine *(pl.)*
suyo, suya	sein(er, -e, -es); ihr (er, -e, -es); Ihr(er, -e, -es)
tuyos, tuyas	deine *(pl.)*
suyos, suyas	seine *(pl.)*; ihre *(pl.)*; Ihre *(pl.)*

4.4.2.

miércoles *m*	Mittwoch
esta noche	heute nacht/abend
esta tarde	heute nachmittag/abend

4.4.6.

los abuelos	Großeltern
el museo	Museum
el barrio	Stadtviertel

4.4.7.

Doña	Frau, Doña

4.4.8.

los días de la semana	Wochentage
la semana	Woche
jueves *m*	Donnerstag
viernes *m*	Freitag
sábado *m*	Samstag
domingo *m*	Sonntag

4.5. Dale que dale

4.5.1.

siguiendo el modelo	nach dem Muster, dem Modell folgend
casado,-a	verheiratet
la madre	Mutter
el abuelo	Großvater

4.5.3.

solo,-a *(adj.)*	einzig
la abuela	Großmutter

4.5.4.

¡hasta mañana!	bis morgen!
la carta	Brief

4.5.5.

el despacho	Büro

4.5.6.

el paraguas	Regenschirm

4.6. Todo oídos

4.6.1.

la edad	Alter
el aspecto físico	Aussehen, Äußeres

4.6.2.

los miembros de la familia	Familienmitglieder
el miembro	(Mit-)Glied

Unidad 5

5. ¿Qué tal te ha ido?

¿qué tal te ha ido?	wie ist dir ergangen?

5.1. ¿Qué me cuentas?

5.1.1.

otra vez	wieder
el fin de semana	Wochenende
el campo	Land
he estado	ich bin gewesen
normal	normal, wie immer
no puedo *(poder)*	ich kann nicht
voy a	ich werde
voy a ir	ich werde gehen, ich habe die Absicht zu gehen
¿qué le pasa?	was fehlt Ihnen (denn)?
que me encuentro mal	mir geht es schlecht
¿qué has hecho?	was hast du gemacht?
me he quedado	ich bin geblieben
todo el fin de semana	das ganze Wochenende
fui al cine	ich war im Kino
me quedé en casa	ich bin zu Hause geblieben
estuve en la playa	ich war am Strand
próximo,-a	nächst(er, -e, -es)
vamos de excursión	wir machen einen Ausflug
¡qué suerte!	welch ein Glück!, ihr Glücklichen!
salir	ausgehen; hinausgehen
salgo	ich gehe aus

5.1.2.

no se encuentra bien	er (sie) fühlt sich nicht wohl
¿bebe vino?	trinken Sie Wein?
en las comidas	zu den Mahlzeiten
el vaso	Glas
¿fuma?	rauchen Sie?
un paquete y medio	anderthalb Päckchen
me duelen . . . *(doler)*	mir tun . . . weh, mich schmerzen . . .
las piernas	Beine
los brazos	Arme
los riñones	Nieren

5.1.3.

el mal humor	schlechte Laune
he perdido	ich habe verloren
el pasaporte	Reisepaß
¿qué vas a hacer?	was wirst du machen?
¿vas a ir a . . .?	wirst du zu . . . gehen?
ya he ido	ich bin schon hingegangen
he estado	ich bin gewesen
las horas	Stunden
no he arreglado nada	ich habe (überhaupt) nichts erreicht
desde las 10	von 10 Uhr an
hasta las 11.30 *(once y media)*	bis um 11 Uhr 30
he hecho cola	ich habe Schlange gestanden
he hablado	ich habe gesprochen
el policía	Polizist
claro	klar!, natürlich!
he rellenado	ich habe ausgefüllt
tengo que volver *(-ue-)*	ich muß wiederkommen
la semana que viene	in der kommenden Woche, nächste Woche
el certificado	Bescheinigung
el consulado	Konsulat
¡qué lata! *(fam.)*	*etwa:* so was Blödes!, wie lästig!
la burocracia	Bürokratie
. . . es un rollo *(fam.)*	*hier etwa:* . . . nervt einen ganz schön
además	außerdem
no han sido	sie sind nicht gewesen
ha sido	(er, sie, es) ist gewesen
la hija	Tochter

5.1.4.

fuera de casa	von zu Hause fort, außer Haus
por fin	endlich
te encuentro	ich finde dich, ich treffe dich (an)
te he llamado	ich habe dich angerufen
dos veces más	noch zwei Mal
es que	das kommt daher, daß
ocupado,-a	beschäftigt
he visto	ich habe gesehen
un anuncio para un trabajo	ein Stellenangebot
he llegado tarde	ich bin zu spät gekommen
¡qué mala suerte!	so ein Pech!
la academia	Akademie
¡qué te ha dicho?	was hat er dir gesagt?
empiezo *(empezar)*	ich fange an/beginne
las clases	den Unterricht
pasado mañana	übermorgen
te llamo	ich rufe dich an
hablamos	wir sprechen
cansado,-a	müde
voy a acostarme *(-ue-)*	ich gehe jetzt zu Bett

5.2. Se dice así

5.2.1.

las acciones del pasado	vergangene Handlungen
Londres	London
¿has estado . . .?	bist du . . . gewesen?
el año pasado	voriges Jahr
¿a dónde fuiste?	wohin bist du gefahren?
Italia *f*	Italien
ayer	gestern
me quedé	ich blieb/bin geblieben

5.2.2.

las costumbres habituales	Gewohnheiten
te levantas	du stehst auf
comes	du ißt
vas a	du gehst zu
haces	du machst
los ejercicios	Übungen
el deporte	Sport

5.2.3.

los proyectos	Pläne
las decisiones	Entschlüsse, Entscheidungen
futuro,-a	(zu)künftig(er, -e, -es)

5.2.4.

compartiendo sentimientos	Gefühle teilen (teilend)
compartir	teilen, mitfühlen (mit)
me he roto el brazo	ich habe mir den Arm gebrochen
la sorpresa	Überraschung
¡no me digas!	was du nicht sagst!, wirklich?!
la alegría	Freude
me ha tocado la lotería	ich habe in der Lotterie gewonnen
la tristeza	Traurigkeit

5.3. Y ahora tú

5.3.1.

jugar al tenis	Tennis spielen
desayunar	frühstücken
tomar café	Kaffee trinken
pronto	bald; früh
las vacaciones	Ferien
dormir *(-ue-)*	schlafen

5.3.2.

cada uno	jeder (einzelne)
que viene	kommend(er, -e, -es)
el concierto	Konzert

5.3.3.

habitualmente	gewöhnlich, normalerweise
levantarse	aufstehen
ducharse	duschen
acostarse *(-ue-)*	zu Bett gehen

5.3.4.

a las 9 h (horas)	um 9 Uhr
ir de compras	einkaufen gehen
la radio	Radio
el mediodía	Mittag
escuchar	(zu)hören
un rato	etwas, eine Weile
la cena	Abendessen

5.3.5.

¡qué pena!	wie schade!
contigo	mit dir
¿sabes?	weißt du

5.3.6.

tomar unas copas	ein (paar) Gläschen trinken
estuviste	du warst
alguna vez	irgendwann einmal
Inglaterra *f*	England
el verano	Sommer
solo,-a	allein
¿quieres . . .? *(querer)*	willst du . . .?, möchtest du . . .?
más o menos	etwa *(mehr oder weniger)*

5.4. ¡Ojo!

5.4.1.

el tiempo	Zeit
el pasado	Vergangenheit
el mes	Monat
nunca	nie, niemals
comer	essen
la peluquería	Friseur
volver *(-ue-)*	umkehren; zurückkommen
anoche	gestern abend, gestern nacht
quedarse	bleiben

5.4.2.

el futuro	Zukunft

5.4.5.

querer *(-ie-)* — wollen, mögen

5.4.6.

antes — vorher

5.4.7.

ayer por la mañana — gestern morgen
mañana por la mañana — morgen früh

5.4.8.

todos los días — jeden Tag
todas las mañanas — jeden Morgen/-Vormittag
siempre — immer
casi siempre — fast immer
a veces — manchmal
casi nunca — fast nie
nunca — nie

5.4.9.

la hora — Stunde
¿qué hora es? — wie spät ist es?
¿a qué hora . . .? — um wieviel Uhr . . .?
menos — weniger

5.4.10.

la fecha — Datum
enero *m* — Januar
febrero *m* — Februar
marzo *m* — März
abril *m* — April
mayo *m* — Mai
junio *m* — Juni
julio *m* — Juli
agosto *m* — August
septiembre *m* — September
octubre *m* — Oktober
noviembre *m* — November
diciembre *m* — Dezember

5.5. Dale que dale

5.5.1.

el dentista — Zahnarzt
cenar — zu Abend essen
la ópera — Oper

5.5.2.

la postal — Postkarte
los alrededores — Umgebung
el beso — Kuß

5.5.3.

adecuado,-a — angemessen, geeignet
la piscina — Schwimmbad

5.5.4.

el regalo — Geschenk
fumar — rauchen

5.5.5.

los padres — Eltern
la cabeza — Kopf
la muela — Zahn; Backenzahn

5.5.6.

la conversación — Unterhaltung, Gespräch
nadie — niemand
contestar — antworten
temprano — früh
la sesión — Vorstellung *(Kino)*

5.6. Todo oídos

5.6.1.

la conversación telefónica — Telefongespräch
la verdad — Wahrheit
la mentira — Lüge

5.6.2.

el detective — Detektiv
informar — informieren, unterrichten
sobre lo que — über das, was

5.7. Tal cual

las noticias — Nachrichten
la película — Film
el arte — Kunst
los programas musicales — Musiksendungen
terminar — aufhören, zu Ende sein; beenden

5.9. Somos así . . . ¡qué le vamos a hacer!

las heridas — Verletzungen
el amor — Liebe
la muerte — Tod
la vida — Leben
¿te suena? *(sonar)* — kommt dir das bekannt vor?

Unidad 6

6. ¿Me dejas el periódico, por favor?

dejar — lassen, überlassen

6.1. ¿Qué me cuentas?

6.1.1.

¿me dejas . . .? — gibst du mir . . .?
el aeropuerto — Flughafen
el mapa — Landkarte; Straßenkarte
que lo estoy mirando yo — (denn) *ich* schaue ihn gerade an
¿puedo ayudarle? — kann ich Ihnen helfen?
¿puedo pasar, por favor? — kann ich bitte vorbeigehen?
por aquí no se puede pasar — hier darf man nicht entlang/durch

6.1.2.

necesitar — brauchen, benötigen
el aceite — Öl
se me ha terminado — es ist mir ausgegangen
un momentito — ein Momentchen, einen kleinen Moment
bajar el volumen de la tele — den Fernseher etwas leiser stellen
alto,-a — laut
urgente — dringend
la llamada — Telefongespräch

6.1.3.

la conferencia — Vortrag; Vorlesung; Konferenz
¡ya está! — schon erledigt!
hablar más bajo — leiser sprechen
no me dejan oír — *etwa:* ich kann nichts hören
dejar — lassen, zulassen
el segundo — Sekunde
cerrar *(-ie-)* **la puerta** — die Tür schließen
tome *(tomar)* — hier, bitte! *(nehmen Sie)*

6.1.4.

la tasca — Kneipe
pagar — zahlen, bezahlen
ni hablar — kommt nicht in Frage!
trae otra de calamares — bring noch eine (Portion) Tintenfisch
pásame el vino *(pasar)* — gib mir den Wein (herüber)
la discoteca — Diskothek
nosotros,-as — wir
con nosotros — mit uns
tengo frío — mir ist kalt
ya voy yo — ich gehe schon
la cerveza — Bier
ya — schon
el jamón — Schinken
pruébalo *(probar)* — probier mal!
quédate un rato más — bleib doch noch eine Weile!
en serio — wirklich, im Ernst
es que . . . — nämlich
ya no puedo más — ich kann nicht mehr

6.2. Se dice así

6.2.1.

pidiendo algo a otros	jemanden um etwas bitten
pedir	bitten
tener que	müssen
usar	benutzen, gebrauchen
su	sein(e), ihr(e), Ihr(e)
el coche	Auto, Wagen
déjame	überlaß mir!, gib mir!, leih mir!
el cigarrillo	Zigarette

6.2.2.

ofreciendo ayuda	Hilfe anbieten
no hace falta	es ist nicht nötig

6.2.3.

el permiso	Erlaubnis
la posibilidad	Möglichkeit
la obligación	Pflicht, Verpflichtung

6.2.4.

la invitación	Einladung
las patatas fritas	Kartoffelchips; Pommes frites
la paella	Paella *(span. Reisgericht)*

6.3. Y ahora tú

6.3.1.

ofrece	biete an!
el caramelo de menta	Pfefferminzbonbon
la fresa	Erdbeere
el limón	Zitrone
el té	Tee
el coñac	Kognak
el anís	Anis(likör)
la ginebra	Gin
el ron	Rum
el bocadillo	belegtes Brötchen
el queso	Käse
el chorizo	span. Pakrikawurst
las salchichas	Würstchen
el vino rosado	Rosé-Wein
el vino tinto	Rotwein
el pastel	Kuchen
la nata	Sahne
el zumo	Saft

6.3.2.

la hoja de papel	Blatt Papier
el agua *(f!)*	Wasser

6.3.3.

el taller	Werkstatt

6.3.4.

cerrado,-a	geschlossen

6.3.5.

invitar	einladen
la playa	Strand
bailar	tanzen
ver la tele	fernsehen
pasear	spazierengehen

6.3.6.

el significado	Bedeutung
la señal	Zeichen
utiliza	gebrauche!

6.4. ¡Ojo!

6.4.1.

pasar	überqueren; vorbeigehen
ayudar	helfen
esperar	warten; hoffen
subir	hinaufgehen; einsteigen
abrir	öffnen
cerrar *(-ie-)*	schließen
probar *(-ue-)*	versuchen; probieren
traer	(her-, mit)bringen; tragen

6.4.3.

se puede	man kann

6.4.4.

leer	lesen
ver	sehen
oír	hören

6.4.5.

la patata	Kartoffel
el helado	(Speise-)Eis

6.4.6.

¿hago la cena?	soll ich das Abendessen machen?

6.5. Dale que dale

6.5.1.

el ejercicio	Übung
el mismo	der gleiche

6.5.2.

poner la radio	das Radio anstellen
la ventana	Fenster
quitar la tele	das Fernsehen ausschalten
el pescado	Fisch(gericht)
el abrigo	Mantel
la cosa	Sache

6.5.3.

el diccionario	Wörterbuch
la dirección	Adresse

6.5.4.

la sal	Salz
despertar *(-ie-)*	wecken

6.5.5.

quitar la mesa	den Tisch abräumen
hacer las camas	die Betten machen
las entradas	Eintrittskarten
lavar	waschen
lavar los platos	abwaschen
el plato	Teller
bajar la basura	den Müll hinunterbringen

6.5.6.

lo siento	es (das) tut mir leid

6.6. Todo oídos

6.6.3.

piden *(pedir)*	sie verlangen/bestellen

Unidad 7

7. ¿Tú crees que sí?

¿tú crees que sí?	glaubst du, daß es stimmt?

7.1. ¿Qué me cuentas?

7.1.1.

mandar	schicken, senden
¿dónde venden?	wo kann man welche kaufen?
vender	verkaufen
ni idea	keine Ahnung
la sala	Saal
me da igual	mir ist es egal/gleich
otra vez	noch einmal
los caprichos	Launen
el caballero	Herr
la mano	Hand
el pecho	Brust
no me acuerdo *(acordarse)*	ich erinnere mich nicht
el príncipe	Prinz
el caballo	Pferd
a caballo	zu Pferde

7.1.2.

viendo *(ver)*	gerade betrachten
las meninas	Edelfräulein *(pl.)*
creo que	ich glaube, daß
creer	glauben
el fondo	Hintergrund
creo que no	ich glaube nicht
los reyes	Könige; Königspaar
el espejo	Spiegel
impresionante	beeindruckend
no tanto	nicht so sehr
la pintura moderna	moderne Malerei
no sé	ich weiß nicht

conozco más *(conocer)*	ich kenne besser
significar	bedeuten
qué sé yo	was weiß ich!
vamos a verlo todo	wir werden alles sehen

7.2. Se dice así

7.2.1.

expresando probabilidad	Wahrscheinlichkeit ausdrücken
el desconocimiento	Nichtwissen, Unkenntnis
el olvido	Vergessen
me parece que	mir scheint, daß
el pintor	Maler

7.2.2.

la indiferencia	Gleichgültigkeit
es igual	es ist egal
me da lo mismo	mir ist es gleich
el fútbol	Fußball

7.2.3.

la indecisión	Unentschlossenheit
si	ob
la exposición	Ausstellung

7.2.4.

la intención	Absicht
¿para qué?	wozu?

7.2.5.

la finalidad	Ziel, Zweck
llegar antes	früher ankommen
terminar antes	früher fertig sein
tan pronto	so früh, so bald
para hablar	um zu sprechen

7.2.6.

la razón	Grund
la causa	Ursache
la explicación	Erklärung
la justificación	Rechtfertigung

7.3. Y ahora tú

7.3.1.

Brasil *m*	Brasilien
hablan español	es wird Spanisch gesprochen
el escritor	Schriftsteller
argentino,-a	argentinisch
la capital	Hauptstadt
ganaron	sie haben gewonnen
los socialistas	Sozialisten
las elecciones	Wahlen
el tango	Tango
el baile	Tanz
el norte	Norden
más grande	größer
el presidente del gobierno	Regierungschef, Ministerpräsident
Machu-Pichu	*(Berg in Peru mit Ruinen einer vorinkaischen Stadt)*
la guerra civil	Bürgerkrieg
las Islas Canarias	Kanarische Inseln
el Mediterráneo	Mittelmeer

7.3.2.

razona	begründe!
justifica	rechtfertige!
la respuesta	Antwort
tan *(adv.)*	so
dar un paseo	spazierengehen
la carne	Fleisch

7.3.3.

muy bien vestido	sehr gut gekleidet
la música clásica	klassische Musik
ya no trabaja	(er, sie, es) arbeitet nicht mehr
los hombres	Männer

7.3.4.

los mejillones	Miesmuscheln
la ensalada	Salat
¿qué pongo?	was soll ich einschalten?
¿friegas *(fregar)* **los platos?**	spülst du die Teller/das Geschirr?

7.3.5.

entre	zwischen
infiltrarse	eindringen
el personaje	Persönlichkeit
famoso, -a	berühmt
discute *(discutir)*	diskutiere

7.4. Ojo: ¿te acuerdas?

7.4.1.

salir de viaje	verreisen

7.4.3.

reacciona	reagiere!
el hospital	Krankenhaus
regalar	schenken
el tocadiscos	Plattenspieler
la parada	Haltestelle

7.4.4.

más *(adv.)*	mehr, am meisten; *hier:* besser; am besten
opinar de	halten von
aprender	lernen
interesar	interessieren
difícil	schwer, schwierig
útil	nützlich
aburrido,-a	langweilig

7.5. Dale que dale

7.5.1.

abstracto,-a	abstrakt

7.5.2.

el saco de dormir	Schlafsack
la mochila	Rucksack
la tienda de campaña	Zelt
puesto *(poner)*	getan, gelegt
¿habéis . . .?	habt ihr . . .?
los cubiertos	Besteck
acuérdate	erinnere dich!
el transistor	Transistor(gerät)
llenar	füllen
el bolsillo	Tasche
la cantimplora	Feldflasche

7.5.3.

uniendo *(unir)*	durch Zusammenfügen
la columna	Spalte; Säule
amarillo,-a	gelb

7.5.4.

buscar	suchen
la profe *(fam., Abk. v. profesora)*	Lehrerin
las diapositivas	Dias
el hambre *(f!)*	Hunger
la nevera	Kühlschrank
anteayer	vorgestern
el hijo mayor	älterer Sohn
el ruido	Lärm
¿qué estáis haciendo?	was macht ihr denn?

7.5.5.

la ciencia	Wissenschaft
el,la primo, prima	Cousin, Cousine
original	originell
¿cuánto vale?	wieviel kostet es?
dicho *(decir)*	gesagt

7.6. Todo oídos

7.6.1.

las hayas	Buchen
los abetos	Tannen

7.7. Tal cual

nacional	national
urbano,-a	Stadt . . .
arqueológico,-a	archäologisch
la historia de la ciudad	Stadtgeschichte
el pueblo	Dorf, Volk
la tierra	Erde
la vida	Leben
la geología	Geologie
la zoología	Zoologie
las colecciones	Sammlungen
la cerámica	Keramik
militar	militärisch
los artistas	Künstler *(pl.)*
el convento	Kloster
la iglesia	Kirche
el palacio	Palast
las carrozas	Karossen, Staatskutschen
la catedral	Kathedrale

WERKÜBERSICHT

SPANISCH *AKTIV* ist ein modernes spanisches Lehrwerk für die Erwachsenenbildung. Es umfaßt zwei Lernstufen: ***Para empezar*** (Band 1 und 2) für den Anfänger bzw. leicht fortgeschrittenen Lerner sowie als zweite Lernstufe ***Esto funciona*** (Band 3 und 4) für Fortgeschrittene.

Im einzelnen umfaßt es die Werkteile:

Lehrbuch 1 – *Para empezar,* Best.-Nr.	49310
Arbeitsbuch 1, Best.-Nr.	49313
Text-Cassette 1 (Dialoge, Hörtexte, Übungen), Best.-Nr.	84810
Lehrerhandreichungen 1 & 2, Best.-Nr.	49316
Lehrbuch 2 – *Para empezar,* Best.-Nr.	49311
Arbeitsbuch 2, Best.-Nr.	49314
Text-Cassette 2 (Dialoge, Hörtexte, Übungen), Best.-Nr.	84811
Lehrbuch 3 – *Esto funciona,* Best.-Nr.	49317
Arbeitsbuch 3, Best.-Nr.	49318
Text-Cassette 3 A (Dialoge, Hörtexte), Best.-Nr.	84812
Text-Cassette 3 B (Übungen zum Arbeitsbuch), Best.-Nr.	84813
Lehrerhandreichungen 3 & 4, Best.-Nr.	49319
Lehrbuch 4 – *Esto funciona,* Best.-Nr.	49320
Arbeitsbuch 4, Best.-Nr.	49321
Text-Cassette 4 A (Dialoge, Hörtexte), Best.-Nr.	84814
Text-Cassette 4 B (Übungen zum Arbeitsbuch), Best.-Nr.	84815

Langenscheidts Universalwörterbuch Spanisch

Trotz seines kleinen Formates bietet dieses Wörterbuch, das die beiden Sprachrichtungen Spanisch-Deutsch und Deutsch-Spanisch umfaßt, insgesamt etwa 35 000 Stichwörter und Wendungen. Es ist bewußt auf die Erfassung des modernen Alltagsvokabulars ausgerichtet, wobei auch der lateinamerikanische Sprachgebrauch berücksichtigt ist. Deshalb eignet es sich ganz besonders als erstes Wörterbuch für den heutigen fremdsprachlichen Anfangsunterricht. Außerdem ist es auf der Auslandsreise unentbehrlich.

Langenscheidts Taschenwörterbuch Spanisch

Dies ist das Standardwörterbuch für jeden fortgeschrittenen Spanischlerner. Es ist in zwei Einzelbänden mit den Sprachrichtungen Spanisch-Deutsch (Band I) bzw. Deutsch-Spanisch (Band II) oder als Komplettband (beide Teile in einem Band) erhältlich. Äußerlich zeichnet es sich durch sein handliches Format sowie durch seinen flexiblen Einband aus. Jeder Einzelband enthält etwa 40 000 Stichwörter und Wendungen. Jedem spanischen und deutschen Stichwort ist die Aussprachebezeichnung in internationaler Lautschrift beigegeben.

Langenscheidts Grundwortschatz Spanisch

Ein nach Sachgebieten geordnetes neues Lernwörterbuch mit Satzbeispielen in zwei Wichtigkeitsstufen.
Die entscheidenden Kriterien für die Aufnahme der über 3000 spanischen Wörter waren deren Häufigkeit und Nützlichkeit. Neben den Glossaren wichtiger Lehrwerke für Schule und Erwachsenenbildung wurden u.a. die Wortschatzlisten zum Grundbaustein und Zertifikat des Volkshochschulverbandes, zum Nivel Umbral (Kontaktschwelle) des Europarats sowie Frequenzwörterbücher der spanischen Sprache ausgewertet. Der gesamte Wortschatz ist nach Themenkreisen und Sachgebieten geordnet, die über 100 Sachgebiete wiederum in je zwei Wichtigkeitsstufen unterteilt. Der Gebrauch der Grundwörter wird durch Satzbeispiele mit der deutschen Übersetzung verdeutlicht. Dieses neue Lernwörterbuch eignet sich sowohl für Anfänger mit geringen Vorkenntnissen als auch für fortgeschrittene Lerner, die ihren spanischen Grundwortschatz erwerben oder festigen möchten, oder die ihre Kenntnisse in bestimmten Sachgebieten wiederholen wollen.

Langenscheidts Reise-Sprachkurs Spanisch schnell und leicht

Dieser für Anfänger gedachte Reise-Sprachkurs für den Selbstunterricht will mit bewußt beschränkt gehaltenem Wortschatz – und ohne Grammatik – dem Touristen das Wichtigste vermitteln, das er bei einer Reise nach Spanien braucht, um zurechtzukommen. In 20 nach Themen geordneten Kapiteln wird der sehr sorgfältig ausgewählte Wortschatz in Einzelwörtern, kurzen Wendungen und Minisätzen mit deutscher Übersetzung dargeboten. Jedes Kapitel enthält dazu einen Übungsteil mit deutsch gehaltenen Fragen zu dem vorher gebotenen Stoff. Die Cassette – 90 Minuten Laufzeit – enthält alle spanischen Wörter und Wendungen sowie die Fragen mit den Lösungen. Ein deutsch-spanisches, spanisch-deutsches Register im Anhang, viele Illustrationen und landeskundliche Informationen ergänzen den Band.

Langenscheidts Verb-Tabellen Spanisch

Die Konjugationsmuster der spanischen Verben sind einprägsam, übersichtlich und leicht erlernbar in Tabellen dargestellt. Ergänzt werden diese Tabellen durch eine alphabetische Liste der wichtigsten unregelmäßigen spanischen Verben mit Verweisen auf die betreffende Tabelle sowie durch eine Liste der Rektion spanischer Verben.

Spanisch fürs Gespräch (Neubearbeitung)

Angefangen von der Begrüßung über Themen wie Einkauf, Wohnung, Sport und Spiel werden dem Lernenden neben zahlreichen Sachinformationen zeitgemäße Redemittel und Argumente an die Hand gegeben, um sich innerhalb eines breiten Spektrums von Themen sprachlich sicher auszudrücken. Das Buch ist zweisprachig (mit deutschen Übersetzungen) angelegt.

Langenscheidts Lektüre Spanisch

Cuentos Españoles (Band 36) – Lecturas Amenas (Band 58) – Rodando por España (Band 65).
Jeder Band etwa 120 Seiten, Format 11x18 cm, kartoniert.
Die Texte sind dem modernen Schrifttum entnommen. Die weniger bekannten Vokabeln sind erläutert.

Langenscheidt